La nonna La cucina La vita

LA NONNA LA CUCINA LA VITA

DIE WUNDERBAREN REZEPTE MEINER GROSSMUTTER

Texte und Bilder von Larissa Bertonasco

Büchergilde Gutenberg

lo taglio in due pezzi

LE STORIE
DIE GESCHICHTEN

LE RICETTE
DIE REZEPTE

ANTIPASTI VORSPEISEN

ZUPPE SUPPEN

PIZZA, PASTA & POLENTA PIZZA, NUDELN & POLENTA

CARNE FLEISCH

PESCE FISCH

DOLCI DESSERTS

PER MIA NONNA

Ganz Ligurien duftet nach meiner Kindheit. Den Duft nach Meer und Holz, nach Rosmarin und Salbei, aber auch nach Mottenkugeln und Spiritus scheinen meine Erinnerungen in sich eingeschlossen zu haben und wie einen Schatz zu hüten, bis zu dem Augenblick, da diese Düfte meine Sinne wieder berühren. So kam ich auf die Idee, ein Kochbuch mit den Rezepten meiner Nonna, der Mutter meines Vaters, zusammenzustellen und darin auch die mit den Düften und dem Geschmack dieser Gerichte verbundenen Erinnerungen in Geschichten und Bildern festzuhalten.

In diesem Kochbuch sind viele einfache, ganz köstliche Gerichte versammelt, die ich im Alltag meiner italienischen Familie kennengelernt habe. Doch auch aufwendige Rezepte für Festtage fehlen nicht. Zu Hause in den Familien gibt es meist nicht die in Restaurants üblichen vier Gänge: Antipasti (Vorspeise), Primo piatto (erster Gang), Secondo piatto (zweiter Gang) und Dolce (Nachtisch), sondern zwei Gänge und hinterher einen caffè. Sogar unter jungen Männern habe ich erlebt, dass eine Mahlzeit immer aus mindestens zwei Gängen bestehen muss, auch wenn es als Vorspeise nur ein paar Scheiben luftgetrocknete Salami mit Chips gibt.

Viele der in diesem Buch versammelten Gerichte können sowohl Vor- als auch Hauptspeise sein, je nach der Größe der Portion; dementsprechend variieren, gerade bei den Pasta- und Reisrezepten, die Personenangaben (z.B. 4–6 Personen). Die Kräuter, die zum Kochen benutzt werden, sollten natürlich immer frisch sein, das gilt selbstverständlich auch für den Parmesankäse! Und, ganz wichtig: nur natives Olivenöl extra verwenden, am besten das sanfte, fruchtige aus Ligurien.

Viel Spaß bei der Reise zu meiner Nonna nach Finale Ligure, das an der Riviera di Ponente, der ligurischen Küste zwischen Genua und der Grenze zu Frankreich, liegt. E buon appetito!

mi aiuti un po' con mio libro di ricette?
la nipote

va bene -
allora
faccia-
mo qu
alcosa
di
buono
da
mangiare
il primo
in cucina
la nonna

LA NONNA
DIE GROSSMUTTER

Larissa Meine Nonna ist klein und rund. Zu Hause trägt sie meist geblümte Hauskleider. Ihre kleinen Füße stecken in rosaroten Frotteehausschuhen oder sie schlittern auf zwei Stofflappen durch die Wohnung, um den Marmorboden zu polieren. Wenn Nonna aus dem Haus geht, trägt sie einen Jeansrock, eine bordeauxrote Strickjacke und kleine ausgetretene Schuhe mit Absatz, die sie vor ihrer Wohnungstür in einem hohen Terracottatopf aufbewahrt. Schaukelnd balanciert sie ihren kompakten Körper, ihre Handtasche baumelt neben ihren Beinen hin und her.

Obwohl sie mittlerweile schon weit über achtzig ist, arbeitet sie im Sommer noch immer in der Küche einer kleinen Pension, um für ein paar Stunden am Tag kochen zu können. Mit schnellen routinierten Handgriffen rollt sie mit einer Gabel Unmengen von Gnocchi oder bereitet ihre leckere grüne Sauce zu, die man sowohl zu Fleisch als auch zu Fisch essen kann. Hin und wieder hilft sie auch ihrer Nachbarin, die von ihrem Mann sitzengelassen wurde und zwei kleine Kinder hat, beim Kochen, Bügeln und Putzen. Wenn Nonna nichts zu tun hat, bekommt sie Depressionen. Sie braucht es, unter Menschen zu sein, es macht ihr Spaß zu reden, zu scherzen, und ab und zu muss sie auch einfach mal ihre schlechte Laune an jemandem auslassen. Aber meistens lacht sie. Nonna lacht gern und oft; dabei wackelt und vibriert ihr ganzer Körper, und ihre Augen verengen sich zu kleinen Schlitzen.

Wenn sie auf den Markt einkaufen geht, wird sie von allen Seiten begrüßt: »Ciao Maria! Come va?« und lässt sich leicht in lange Gespräche verwickeln. Im Sommer sitzt sie abends gern mit ihrer Nachbarin Rosetta auf einer Bank an der Straße neben den Garagen, um zu plaudern und Neuigkeiten auszutauschen. Rosetta ist fünfzehn Jahre jünger, aber dauernd krank und hat immer etwas zu jammern. Meine Nonna meint, das komme

nur davon, dass sie nicht arbeite und zuwenig andere Sorgen habe. Manchmal bringen sie sich Kostproben ihrer Gerichte mit, und dann diskutieren sie darüber, wer den besten Arrosto di tacchino, einen Putenbraten, oder die beste Zuppa inglese macht.
Manchmal kommt ein alter Bekannter vorbeigeradelt und hält an, um mit den beiden alten Damen zu schäkern und über die Regierung zu schimpfen, die schon wieder die Renten kürzt, obwohl sie das Gegenteil versprochen hat. Nonna hat sich eine Strickjacke um die Schultern gelegt, und weil sie so kurze Beine hat, berühren nur ihre Zehenspitzen den Boden.
Im Winter strickt Nonna für meinen Vater und meinen Bruder Wollpullover und räumt die Möbel in ihrer Wohnung um. Die ganze Wohnung hängt voll mit Bildern, auf denen entweder Blumen oder weinende Kinder zu sehen sind. Auf einem Ölgemälde ist Nonna als junges Mädchen in einem gelben Kleid mit roten Punkten abgebildet; der frühere Bürgermeister von Finale Ligure hat es gemalt. Auf einer Kommode im Schlafzimmer stehen Familienphotos in Silberrahmen. Das Bad duftet nach getrockneten Rosen, und in einem weißen Regal sind Parfumflakons und Porzellanfiguren, kleine Puppen und Harlekine aufgestellt.
Seit kurzem besitzt Nonna auch ein Handy, das zu Hause neben dem Fernseher in einer roten Plastikhand steht. An einem Handy findet sie besonders praktisch, dass man darin so viele Nummern speichern kann. Deshalb telefoniert sie von zu Hause aus nur noch damit und ist ganz hilflos, wenn der Akku leer ist. Wenn sie unterwegs ist, nimmt sie es natürlich nie mit.

GNOCCHI AL BURRO E SALVIA

KARTOFFELKLÖSSCHEN MIT BUTTER UND SALBEI

Zutaten für 6–8 Personen:
1 kg mehligkochende Kartoffeln
450 g Mehl
2 Eier
100 g Butter
frischer Salbei
geriebener Parmesan
Salz

- Die geschälten Kartoffeln in grobe Stücke schneiden und in Salzwasser weich kochen. Durch eine Kartoffelpresse passieren und den Kartoffelbrei mit dem Mehl, Ei und etwas Salz vermengen. Gut durchkneten, bis der Teig schön weich und samtig ist.
- Den Teig in faustgroße Stücke teilen und daraus lange, daumendicke Rollen formen. Davon etwa 1 cm große Stücke abschneiden (gut geht das mit einer Plastikkarte!) und bemehlen.
- Um den Gnocchi ihre charakteristische Form zu geben, die Teigstückchen mit dem Daumen über eine Gabel oder ein geriffeltes Holzbrett rollen und auf ein reichlich bemehltes Brett legen.
- Gnocchi etwa 5 Min. in kochendes Salzwasser geben. Sobald sie oben schwimmen, sind sie gar und können abgegossen werden.
- Butter in einer kleinen Pfanne auslassen, frischen Salbei dazugeben und etwas anbräunen. Die Gnocchi kurz in der Salbeibutter schwenken, Parmesan darüberstreuen und sofort servieren.

Tipp

Gnocchi lassen sich gut einfrieren. Dazu die Gnocchi zunächst auf dem Brett anfrieren lassen. Wenn sie hart sind, kann man sie in Gefrierbeutel umfüllen.

Variationen

Gnocchi con pesto: 6–8 EL Pesto (siehe Seite 162) mit etwas Nudelwasser verdünnen und unter die abgetropften Gnocchi rühren.

Gnocchi con gorgonzola: Einfach ein Stück Gorgonzola in einer Pfanne schmelzen und mit etwas süßer Sahne verlängern.

BOLLITO DI MANZO CON SALSA VERDE

GEKOCHTES RINDFLEISCH MIT GRÜNER SAUCE

Zutaten für 4 Personen:

Für den Bollito

3 Karotten
1 Staudensellerie
1 Stange Lauch
2 Zwiebeln
1 kg Rindfleisch

Für die Salsa verde

1 trockenes Brötchen
Weißweinessig
6 eingelegte Sardellenfilets
2 hartgekochte Eier
1 großer Bund glatte Petersilie
1 scharfe Peperoni
2 Knoblauchzehen
reichlich Olivenöl
Salz

◆ **Für den Bollito** das Gemüse in grobe Stücke schneiden und zusammen mit dem Fleisch mind. 1 ½ Std. in Salzwasser kochen.

◆ **Für die Salsa verde** die Rinde des Brötchens etwas abreiben und das Brötchen in Weißweinessig einweichen. Wenn es durchtränkt ist, gut ausdrücken.

◆ Zusammen mit den vorher kurz abgespülten Sardellen, den Eiern, der Petersilie, der Peperoni und den Knoblauchzehen im Mixer pürieren. Zuletzt mit etwas Essig und Salz abschmecken und reichlich Olivenöl dazugeben.

◆ Das heiße Fleisch in Scheiben schneiden und mit Salsa verde und dem Gemüse servieren. Dazu passen Weißbrot, Salz- oder Pellkartoffeln.

Tipp

Die Fleischbrühe kann man sehr gut für die Stracciatella (siehe Seite 94) oder auch für Risotto (siehe Seite 74) verwenden.

Variationen

Bollito di pollo con salsa verde: Statt Rindfleisch kann man auf dieselbe Weise auch ein ganzes Huhn auskochen, zerlegen und mit der grünen Sauce servieren.

Bollito di pesce con salsa verde: Dafür erst das Gemüse kochen und den Kochfisch (z. B. Forelle oder Schwertfisch) nur die letzten 10–15 Min. dazugeben und bei niedriger Hitze gar ziehen lassen. Isst man die Salsa verde zu Fisch, sollte sie statt mit Essig mit Zitrone abgeschmeckt und mit Mayonnaise (siehe Seite 169) verfeinert werden.

ARROSTO DI TACCHINO CON VERDURA AL FORNO

PUTENBRATEN MIT OFENGEMÜSE

Zutaten für 4 Personen:

Für den Braten
1 kg Putenrollbraten
Olivenöl
frischer Salbei
frischer Rosmarin
$^{3}/_{4}$ l Milch
Salz, Pfeffer

Für das Ofengemüse
750 g Kartoffeln
4 kleine Zucchini
300 g Schalotten
reichlich Olivenöl
50 g Butter
frischer Rosmarin
Salz

- **Für den Braten** das Fleisch rundherum salzen und pfeffern und in einem großen Topf in Olivenöl von allen Seiten anbraten. Salbeiblätter und Rosmarinzweige hinzufügen.
- Die Milch dazugeben und ohne Deckel bei niedriger Hitze etwa 2 Std. köcheln lassen. Einmal zwischendurch den Braten umdrehen, damit auch die andere Seite gar wird. Es gehört dazu, dass die Milch durch das Kochen ausflockt, die Sauce schmeckt trotzdem lecker!
- **Für das Ofengemüse** die geschälten Kartoffeln und die Zucchini in grobe Stücke schneiden. Schalotten je nach Größe ganz lassen oder halbieren.
- Olivenöl und Butter auf einem Backblech im warmen Ofen kurz schmelzen lassen.
- Die Kartoffeln auf das Blech geben, im Fett wenden und in den 175 °C heißen Backofen schieben. Nach 15 Min. die Zucchinistücke und Schalotten dazugeben, ebenfalls im Fett wenden und alles salzen. Dann reichlich Rosmarinzweige dazwischenlegen und noch mal etwa 40 Min. im Ofen weiter backen.
- Den Braten in dünne Scheiben schneiden und mit der Sauce und dem Ofengemüse servieren.

Tipp

Den Putenbraten kann man fertiggerollt beim Metzger kaufen.

ZUPPA INGLESE

BISQUIT MIT VANILLECREME

Zutaten für eine Auflaufform:

4 Eigelb
80 g Zucker
2 EL Mehl
$^{1}/_{2}$ l Milch
1 Vanilleschote
1 TL Butter
3 Tässchen Espresso
5 cl Marsala
200 g Löffelbisquits
1–2 EL Kakaopulver

- Eigelb und Zucker schaumig schlagen, dann das Mehl dazugeben und gut verrühren.
- Die Eiermasse in die kalte Milch einrühren und in einem Topf bei niedriger Hitze unter stetigem Rühren langsam erwärmen, bis eine cremige Konsistenz entsteht. Das kann eine ganze Weile dauern. Auf keinen Fall kochen lassen! Das Mark der Vanilleschote und die Butter dazugeben.
- Den Espresso mit dem Marsala mischen, die Hälfte der Löffelbisquits kurz hineintauchen und eine mittelgroße Auflaufform damit auslegen.
- Die Hälfte der Creme mit dem Kakaopulver vermischen. Die dunkle Creme auf den Bisquitboden geben. Die übrigen Löffelbisquits ebenfalls kurz in die Espresso-Marsala-Mischung tauchen und auf der Creme verteilen. Zum Schluss die helle Creme darübergeben und glattstreichen.
- Zugedeckt etwa 4–5 Std. im Kühlschrank durchziehen lassen und vor dem Servieren mit Kakao bestäuben.

Pomodori

Finale Ligure

La
mia
nonn
fa da
mangi
are

OREGANO

150 grammi burro
3 uova - bianco monta-
to a neve
150 grammi zucchero
1 pizzico sale - 3 etti farina
scorza limone grattugia-
ta
1 arancia spremuta
busta lievito bertolini

IMPORTÉ D'ITALIE
il re della DOLCEZZA
prima
sale grosso!
LOT. 2049
Leone

troppo
freddo
la neve

IL TRENO
DER ZUG

Larissa Wenn wir in meiner Kindheit in den Ferien nach Italien fuhren, um dort unsere Nonna zu besuchen, nahmen wir immer den Nachtzug, der damals noch direkt von Stuttgart nach Finale Ligure fuhr. Mein Bruder und ich saßen auf den Klappsitzen im Gang und sahen die von der Dämmerung eingehüllte Landschaft am Fenster vorbeifliegen. Dabei aßen wir Käsebrote, die unsere Mutter für die Reise geschmiert hatte. Dann kletterten wir in unsere Kojen. Ich fand es aufregend, abends in einem fahrenden Zug einzuschlafen und schon am nächsten Morgen in einem anderen Land aufzuwachen.

Frühmorgens, während meine Familie noch schlief, schob ich vorsichtig die Jalousie zur Seite. Wir waren schon in Italien, irgendwo zwischen Mailand und Genua. Die dicht an die Bahngleise gebauten Häuser waren verwaschen gelb oder altrosa. Vor grünen Fensterläden und an Balkonen war Wäsche zum Trocknen aufgehängt. Das erste Morgenlicht zeichnete orangerosa Flecken auf die Fassaden. Ich mochte diesen Moment, in dem ich ganz für mich war und von niemandem gestört wurde. So gehörten meine ersten Eindrücke dieses fremden und gleichzeitig vertrauten Landes mir ganz allein.

Endlich hielt der Zug in Genova Bringole. Neugierig öffnete ich das Fenster und lauschte fasziniert dem Gewirr italienischer Stimmen. Ich streckte meinen Kopf hinaus und sah auf den belebten Bahnsteig: Eine dicke Mama zerrte ihr schreiendes Kind hinter sich her, eine junge Frau in einem hellen Sommerkleid küsste einen jungen Mann mit lockigem dunklen Haar, ein kleiner alter Mann in dunkelgrauem Anzug mit einem Zigarillo im Mundwinkel studierte den Fahrplan, ein Arbeiter in farbverschmierter Hose war in seine Zeitung vertieft ... Die Menschen warteten, geduldig oder ungeduldig, und gingen allein, zu zweit oder in kleinen Gruppen am Bahnsteig auf und ab. Alles, was ich sah und hörte, vermischte sich mit dem speziellen Duft Italiens. Ich schloss die Augen und atmete eine Luft, die nach starkem Espresso und würzigem Oregano, nach filterlosen Zigaretten, Benzin und Abgasen knatternder Vespas und dem trockenen Staub der Straße roch.

Von Genua bis Finale Ligure fuhr der Zug die Küste entlang, und zwischen den dunklen Abschnitten der unzähligen Tunnel konnten wir immer wieder einen Blick auf das glitzernde Meer und die von Palmen gesäumte Küstenstraße erhaschen.

In Finale Ligure erwartete uns Nonna am Bahnhof und drückte uns an ihren dicken Busen. Ein Jahr lang hatte sie uns nicht gesehen, i nipotini, die Enkelkinder aus dem kalten grauen Deutschland. Wir wohnten damals immer in der kleinen Pension, in der meine Nonna auch kochte. Sie lag an einem fast ausgetrockneten Flussbett, in dem weiße Gänse zwischen Steinen und Gras herumwatschelten. Das Fenster unseres Zimmers ging auf einen Innenhof, in dem das ständige Geklapper von Geschirr und das Gezeter italienischer Frauen hallte.

Ich liebte das Essen, das meine Nonna kochte und uns in dem angenehm kühlen Speisesaal der Pension servierte. Es schmeckte anders als bei uns zu Hause, und mit jedem Bissen verband sich in meinem Mund der Geschmack des Essens mit den Eindrücken dieses Landes, die ich in mir aufnahm und einschloss.

Während wir auf das Essen warteten, knabberte ich an den Grissini, die in kleinen Tütchen verpackt waren und mit denen ich die gestärkte weiße Tischdecke vollkrümelte. Mir gefiel, dass es viele unterschiedliche Gänge gab, aber am besten fand ich die Antipasti, die Vorspeisen. Auf einem großen Teller servierte uns Nonna verschiedene kleine Köstlichkeiten wie Frittelle (in Olivenöl ausgebackenes Gemüse), luftgetrocknete Salami, gefüllte Zucchiniblüten, dicke dreieckige Frittatastücke (Gemüseomelett) oder Gemüsekuchen, darunter einen, den es in Ligurien traditionell an Ostern gibt, daher auch sein Name: Torta pasqualina.

FRITTELLE DI ZUCCHINE

AUSGEBACKENE ZUCCHINI

Zutaten für 6 Portionen:
2 Eier
100 ml Mineralwasser
mit Kohlensäure
50 g Mehl
frische glatte Petersilie
4 kleine Zucchini
reichlich Olivenöl
Salz

- Eier in einer Schüssel verschlagen, etwas Salz, Mineralwasser, Mehl sowie ein wenig gehackte Petersilie dazugeben und mit einem Schneebeser gut verquirlen.
- Zucchini auf einem Gurkenhobel in feine Scheiben raspeln und in den Teig rühren.
- Eine Pfanne mind. 2 cm hoch mit Olivenöl füllen und erhitzen. Wenn das Öl heiß genug ist, den Gemüseteig esslöffelweise hineingeben und von beiden Seiten goldgelb frittieren. Aus der Pfanne nehmen, auf Küchenkrepp abtropfen lassen und gleich servieren.

Tipp

Um festzustellen, ob das Öl heiß genug zum Frittieren ist, einfach den Stiel eines Kochlöffels hineinhalten: Wenn kleine Bläschen daran aufsteigen, kann man mit dem Frittieren beginnen.

Variationen

Frittelle kann man auch mit dünn geschnittenen Auberginenscheiben, die man einzeln ausbäckt, mit Artischockenstückchen oder kleingeschnittenem Stockfisch machen.

FIORI DI ZUCCHINE RIPIENI

GEFÜLLTE ZUCCHINIBLÜTEN

Zutaten für 6 Personen:
2 Kartoffeln
200 g grüne Bohnen
1 Zwiebel
1 kleine Aubergine
2 Zucchini
4–5 Eier
100 g geriebener Parmesan
1 Knoblauchzehe
frischer Majoran
frische glatte Petersilie
frischer Rosmarin
Semmelbrösel
18 Zucchiniblüten
Olivenöl
Salz, Pfeffer

- Die geschälten Kartoffeln kleinschneiden und mit den geputzten grünen Bohnen etwa 25 Min. in Salzwasser kochen.
- Die kleingeschnittene Zwiebel in einer Pfanne mit etwas Olivenöl leicht anbraten. Dann Kartoffeln und Bohnen dazugeben.
- Aubergine und Zucchini in Scheiben schneiden, mit in die Pfanne geben und so lange braten, bis das Gemüse gar und nicht mehr zu feucht ist.
- Das Gemüse passieren und in einer Schüssel mit den Eiern, dem Parmesan, dem kleingehackten Knoblauch und den feingeschnittenen Kräutern gut vermengen. Mit Salz und Pfeffer abschmecken. Wenn die Gemüsemasse zu feucht ist, noch etwas Semmelbrösel unterrühren.
- Zucchiniblüten vorsichtig waschen und die Blütenstempel im Innern der Blüten entfernen. Dann vorsichtig mit der Gemüsemasse füllen.
- Zucchiniblüten entweder in einer Pfanne mit reichlich Olivenöl frittieren oder auf ein mit Öl ausgestrichenes Backblech setzen. Dann mit ein wenig Olivenöl beträufeln, mit etwas Semmelbrösel bestreuen und im vorgeheizten Backofen bei 130 °C etwa 25 Min. backen, bis die Blüten eine schöne goldbraune Farbe bekommen. Sofort servieren.

Tipp

Wer die Füllung etwas pikanter mag, kann noch 30 g kleingeschnittene Mortadellawurst daruntermischen.

Variationen

Lecker schmeckt es auch, wenn man das gleiche Gericht mit Kürbisblüten oder mit ausgehöhlten Zucchinihälften (von kleinen Zucchini) zubereitet.

FRITTATA DI RADICCHIO

RADICCHIO-OMELETT

Zutaten für ein Omelett
(4–6 Personen):
1 Radicchiosalat
etwas Butter
frischer Majoran
5 Eier
50 g Parmesankäse
Olivenöl
Salz

- Radicchioblätter in einer Pfanne in Butter andünsten (man verwendet hier Butter statt Olivenöl, um den bitteren Geschmack des Radicchio etwas abzumildern), dann etwas abkühlen lassen und das Wasser ein wenig herausdrücken. Die Radicchioblätter mit reichlich Majoran feinhacken.
- Eier mit dem Parmesankäse verquirlen und salzen, dann den Radicchio unter die Eiermasse rühren.
- Wenig Olivenöl in einer Pfanne erhitzen (immer mit niedriger Hitze arbeiten!) und den Eierteig hineingeben. Wenn das Omelett an der Oberseite einigermaßen gestockt ist, mit einem flachen, geölten Deckel, der kleiner als der Pfannendurchmesser ist, bedecken.
- Eine Weile braten, bis das Omelett fest und auf der Unterseite goldbraun ist. Dann auf den Topfdeckel stürzen und gleich wieder in die Pfanne gleiten lassen, damit auch die andere Seite goldbraun wird.
- Wie eine Torte in 6 oder 8 Stücke schneiden und vor dem Servieren leicht abkühlen lassen.

Tipp

Schmeckt auch als Brotbelag sehr gut.

Variationen

Man kann die Frittata auch mit allen möglichen anderen Gemüsesorten zubereiten, die man genau wie den Radicchio vorher in der Pfanne (mit Olivenöl!) anbrät, dann zu der Eiermasse gibt und, wie oben beschrieben, weiterverarbeitet.

Frittata di zucchine: 3 kleine, in Scheiben geschnittene Zucchini verwenden, mit frischem Majoran würzen.

Frittata di patate: 3 gekochte, in feine Scheiben geschnittene Kartoffeln und eine kleingehackte Zwiebel kurz braten, mit kleingehackter glatter Petersilie würzen.

Frittata di cipolle: 3 in Scheiben geschnittene Zwiebeln verwenden, mit kleingehackter glatter Petersilie würzen.

Frittata di bietola: Einen kleinen Mangold kochen, ausdrücken (nur die grünen Blätter benutzen), kleinhacken und noch mal in der Pfanne mit Olivenöl und viel frischem Majoran anbraten.

TORTA PASQUALINA

OSTERKUCHEN

Zutaten für 1 Springform (28 cm ø):

Für den Teig
250 g Mehl
reichlich Olivenöl
80 ml kaltes Wasser
1 Eigelb
Salz

Für die Füllung
4 Artischocken (am besten die mit den Stacheln aus Ligurien!)
1 Zitrone
1 Mangold
1 Zwiebel
etwas Olivenöl
150 g Ricotta
10 Eier
Salz

◆ **Für den Teig** das Mehl auf die Arbeitsfläche geben, 6 EL Olivenöl, Salz und das Wasser in die Mitte geben und kräftig kneten, bis ein recht fester, nicht zu feuchter Teig entsteht. 2–3 mal durch die etwas breitere Öffnung der Nudelmaschine rollen, anschließend die feinste Öffnung einstellen und den Teig wieder durchrollen, so dass eine feine Teigbahn entsteht, die sich wie Stoff anfühlt.

◆ Eine geölte Springform mit einem Drittel der Teigbahnen auslegen. Die Bahnen sollten sich großzügig überlappen und über den Rand der Form hängen.

◆ **Für die Füllung** von den Artischocken die holzigen äußeren Artischockenblätter entfernen, bis nur noch die hellgrünen, zarten Schichten übrig bleiben. Die Spitze der Artischocken abschneiden, den Stängelansatz abschälen und die Artischocken der Länge nach halbieren. Das faserige »Heu« aus dem Innern entfernen und die Hälften in dünne Scheiben schneiden. In eine Schüssel mit Wasser und Zitronensaft geben, damit sie sich nicht verfärben.

◆ Mangold waschen, Strunk und dicke Stiele abschneiden und die Mangoldblätter in Salzwasser gar dünsten. Dann abgießen und gut ausdrücken.

◆ In einer Pfanne die kleingeschnittene Zwiebel in Olivenöl anbraten, Artischockenscheiben dazutun und wenn sie anfangen trocken zu werden, etwas Wasser zufügen. Zugedeckt vor sich hinköcheln lassen, bis die Artischocken schön weich sind. Zum Schluss den Mangold kurz mit in die Pfanne geben und mit den Artischocken vermengen.

◆ Das Gemüse auf ein Brett geben und alles ziemlich kleinhacken. In einer Schüssel mit dem Ricotta und 4 Eiern gut vermengen, salzen.

◆ Die Gemüsefüllung auf dem Teigboden verteilen und glattstreichen.

◆ 6 Mulden in die Füllung drücken und in jede ein Ei schlagen; dabei sollte man aufpassen, dass das Eigelb unbeschadet bleibt.

◆ Den Kuchen mit den übrigen Teigschichten bedecken. Dafür die einzelnen Schichten, außer der obersten, mit Olivenöl bestreichen. Die überlappenden Teigenden nach innen rollen und andrücken, so dass ein dicker Rand entsteht.

◆ Das Eigelb mit etwas Olivenöl vermischen und den Kuchen damit bestreichen. Im vorgeheizten Backofen bei 160–180 °C etwa 40 Min. backen. Am besten lauwarm servieren.

Tipp

Man kann den Teig auch mit einer Nudelrolle so dünn wie möglich ausrollen.

TORTA DI BIETOLA E RISO

MANGOLD-REIS-KUCHEN

Zutaten für 1 Springform (28 cm ø):

Für den Teig
siehe Torta pasqualina Seite 38

Für die Füllung
300 ml Milch
100 ml Wasser
100 g Risottoreis
1 kg Mangold
1 Zwiebel
Olivenöl
frischer Majoran
2 Eier
100 g geriebener Parmesankäse
Salz

- Den Teig wie auf Seite 38 beschrieben zubereiten.
- **Für die Füllung** die Milch mit dem Wasser verdünnen und darin den Reis bei niedriger Hitze kochen lassen, bis er alle Flüssigkeit aufgesogen hat (das dauert etwa 30–40 Min.).
- Mangold waschen, Strunk und dicke Stiele abschneiden und die Mangoldblätter in Salzwasser gar dünsten. Abgießen, Mangold gut ausdrücken und kleinschneiden.
- Die kleingehackte Zwiebel in einer Pfanne in Olivenöl anbraten, Mangold und feingeschnittenen Majoran zufügen und kurz weiter braten.
- Reis, Mangold, Salz, Eier und Parmesan in einer Schüssel vermengen und auf dem vorbereiteten Teigboden verteilen. Den Kuchen mit den übrigen Teigbahnen bedecken und im vorgeheizten Backofen bei 160–180 °C etwa 40 Min. backen. Am besten lauwarm servieren.

Variationen

Torta di zucca: 1 kg geschälten Hokkaido-Kürbis kleinschneiden und weich kochen, anschließend einen Tag lang in einem Handtuch trocknen lassen. Dann mit 3 kleingeschnittenen Stangen Lauch in einer Pfanne mit Butter und Salz etwas dünsten. 150 g Reis in 400 ml Milch und 100 ml Wasser gar kochen. Das Gemüse und den Reis vermengen, 4 EL Parmesan und 3–4 Eier unterrühren. Diesen Kürbiskuchen gab es bei der Familie meiner Nonna in Calizzano immer zu Weihnachten.

Torta con ricotta e spinaci: 1 kg Blattspinat erhitzen und zusammenfallen lassen, Wasser herausdrücken. In einer Pfanne eine kleingeschnittene Zwiebel in Olivenöl anbraten, Spinat und viel frischen Majoran dazugeben und zusammen etwas dünsten. Dann aus der Pfanne nehmen, kleinhacken und etwas abkühlen lassen. Mit 4 Eiern und 200 g Ricotta vermengen und wie oben beschrieben weiterverarbeiten.

Preparare
la pizza

salve
salutare

die Schlauchklemme

der Entsafter

der Kochtopf

der Milchtopf

Überdruck-
ventil

der Schnellkochtopf

der Koch
il cuoco

l'acqua bolle !
sale

Vincenza & suo gatto

LA PIOGGIA
DER REGEN

Larissa Es ist jedesmal wie eine Reise in die Vergangenheit. Auch diesmal bin ich mit dem Zug nach Italien gefahren. Inzwischen habe ich einen noch weiteren Weg als früher, denn ich wohne jetzt in Hamburg. Meine ersten Eindrücke von Italien sind noch immer dieselben: die gleichen Häuser, die gleichen Menschen, die gleichen Düfte wie damals, so scheint mir. In Milano, wo ich umsteigen muss, trinke ich in der Bahnhofsbar meinen ersten caffè.

Ich bin wieder hier. Diesmal, um auf den Spuren meiner Kindheit die Erinnerungen und Rezepte meiner Nonna zu sammeln und aufzuschreiben. Ich komme an dem kleinen Bahnhof in Finale Ligure Marina an, wo es zwei Gleise gibt, für jede Richtung eines, und drei Uhren, die alle unterschiedliche Uhrzeiten angeben. Vom Bahnhof ist es nicht weit bis zu meiner Nonna. Finale ist klein. Als Nonna mir die Tür öffnet, freue ich mich zu sehen, dass sie schon wieder kein bisschen älter geworden ist, im Gegenteil. Ihr Gesicht strahlt.

Ein paar Tage später bin ich nachmittags bei ihr. Sie ist, wie so oft, gerade in der Küche beschäftigt. Aus einem kleinen Radiorecorder tönt Julio Iglesias. Nonna hat für mich Pizza gebacken. Belegt mit Tomaten, Mozzarella, Kapern und Sardellen, den kleinen, intensiv schmeckenden acciughe. In der ganzen Wohnung duftet es danach. Draußen ist es heute regnerisch und grau, doch in der Küche ist es warm und gemütlich. Wir setzen uns an den Klapptisch, trinken Vino bianco aus dem Tetrapack und essen dazu als Vorspeise ausgebackene Salbeiblätter. Nonna erzählt mir von ihrer Nachbarin Vincenza, die auf der anderen Straßenseite in einem alten verwunschenen Haus wohnt, das von einem riesigen Garten umgeben ist, der sich bis zum angrenzenden Hang hinaufzieht. Vincenza ist zehn Jahre jünger als meine Nonna, zahnlos und fast taub. Am Tag zuvor haben wir sie besucht, sie trug ein blaugeblümtes, verwaschenes Kleid, um das sie eine abgewetzte Schürze gebunden hatte, dicke hautfarbene Strumpfhosen, Kordpantoffeln und einen roten Sonnenhut mit einem Werbeschriftzug. Vincenza hatte sich mit dem Stachel einer Artischocke am Bein verletzt. Meine Nonna versorgte ihre Wunde und bekam zum Dank ein bisschen Gemüse und frische Eier.

Nonna gesteht mir, dass sie die Gesellschaft Vincenzas manchmal nicht lange erträgt: »Vincenza ist immer traurig, da werde ich auch ganz depressiv. Sie war nie verheiratet, weil ihre Mutter das nicht wollte; sie wollte, dass ihre Tochter immer bei ihr bleibt. Die Mutter ist erst vor zwei Jahren gestorben, bis dahin hat Vincenza nur mit ihr zusammengelebt. Früher hatte Vincenza auch mal eine Katze, die war ihr ein und alles. Die hatte sie immer auf dem Arm, hat mit ihr geschmust und sie wie ihr eigenes Kind behandelt. Eines Tages war die Katze verschwunden. Einfach so. Vincenza hat tagelang nach ihr gerufen und geweint, aber die Katze ist nicht zurückgekommen. Maurizio bringt mich da auf bessere Gedanken, er ist immer guter Dinge. Heute vormittag hat er mich wieder besucht. Er bringt mir seine kaputten Hosen oder Hemden zum Flicken. Die Frauen heute können so was ja nicht mehr. Gestern habe ich seine Exfreundin auf dem Markt getroffen und ihr erzählt, dass Maurizio jetzt heiratet. Stimmt natürlich gar nicht, aber ich wollte sie ein bisschen ärgern!«

Maurizio könnte mein großer Bruder sein. Bis vor ein paar Jahren arbeitete er mit Nonna zusammen in einem Restaurant in den Bergen, der Osteria della Briga, die wir immer nur die Briga nannten. Jetzt hat er ein kleines Restaurant in Finale, schön gelegen in der Via Roma, einer Gasse direkt hinter der Piazza. Im Sommer hocken seine Gäste dichtgedrängt auf grünen Holzbänken unter Arkaden. Maurizio ist für seine Acciughe alla ligure, Fisch und Kartoffeln aus dem Ofen, seine Burrida, einen Fischeintopf, und seinen Schokoladenkuchen berühmt, und er ist einer der wenigen, der als Koch der Kritik meiner Nonna standhält.

PIZZA CON CAPPERI ED ACCIUGHE

PIZZA MIT KAPERN UND SARDELLEN

Zutaten für ein Blech:

Für den Teig
300 g Mehl
1/2 Würfel frische Hefe
1/2 TL Zucker
150 ml lauwarmes Wasser
Olivenöl
Salz

Für den Belag
1 Dose geschälte Tomaten
Olivenöl
Oregano
125 g Mozzarella
3 EL eingelegte Kapern
10 eingelegte Sardellenfilets
Salz

- **Für den Teig** das Mehl in eine Schüssel geben und in der Mitte eine Mulde formen. Die Hefe mit dem Zucker in 50 ml lauwarmem Wasser auflösen und in die Mulde gießen. Mit einer Gabel ein wenig Mehl unter das Wasser rühren und die Schüssel mit einem Tuch bedecken. An einem warmen Ort, z. B. neben der Heizung oder im leicht angewärmten Backofen, etwa 10–15 Min. gehen lassen, bis die Hefemischung Blasen wirft.
- Das restliche Wasser, 2–3 EL Olivenöl und etwas Salz unter das Mehl rühren. Wenn der Teig zu feucht ist, mehr Mehl dazugeben.
- Den Teig auf der gut bemehlten Arbeitsfläche gut 10 Min. kräftig durchkneten, bis er glatt und geschmeidig ist. Anschließend in die bemehlte Schüssel legen, mit einem Tuch bedecken und an einem warmen Ort mind. 1 Std. gehen lassen.
- Backblech einfetten und den Pizzateig mit den Knöcheln der Faust auf dem Blech vorsichtig ausbreiten und am Rand nach oben drücken.
- **Für den Belag** die Tomatenstücke mit 4–6 EL Olivenöl mischen, Oregano und Salz dazugeben und auf den Pizzateig streichen. Den Mozzarella mit den Händen auseinanderzupfen und auf dem Tomatenbelag verteilen. Dann Kapern und Sardellenfilets über die Pizza geben.
- Im vorgeheizten Ofen bei 250 °C etwa 30 Min. backen, bis der Rand anfängt braun zu werden. Sofort servieren.

Variationen

Lecker schmeckt es auch, wenn man die Pizza mit typisch ligurischen Zutaten wie eingelegten Pilzen und kleinen schwarzen Oliven belegt. Man kann die Pizza natürlich auch nur mit Tomate und Käse als Pizza margherita machen.

FOGLIE DI SALVIA FRITTE

AUSGEBACKENE SALBEIBLÄTTER

Zutaten für 4 Portionen:

1 Ei	50 g Mehl
$^{1}/_{8}$ l weißer Vermouth	reichlich Olivenöl
(z. B. Martini Bianco extra dry)	16 größere Salbeiblätter
Weißweinessig	Salz

- Ei mit Vermouth, einem Spritzer Weißweinessig und etwas Salz verquirlen, das Mehl zugeben und gut verrühren, dann den Teig 30 Min. ruhen lassen.
- In einer Pfanne reichlich Olivenöl erhitzen, das Öl darf allerdings nicht zu heiß werden.
- Auf je 1 EL Teig ein Salbeiblatt legen und in die Pfanne geben, evtl. oben noch etwas Teig daraufgeben, so dass das Blatt von Teig umhüllt wird.
- Goldgelb ausbacken, auf Küchenkrepp etwas abtropfen lassen und sofort servieren.

Tipp

Schmeckt besonders gut zum Aperitif.

Variationen

Mit dem gleichen Teig kann man auch Zucchini- oder Kürbisblüten ausbacken.

ACCIUGHE ALLA LIGURE

SARDELLENAUFLAUF

Zutaten für 6 Personen:

1 kg frische Sardellen
4 eingelegte Sardellenfilets
1 Bund frische glatte Petersilie
50 g Pinienkerne (am besten aus dem Reformhaus!)
4 getrocknete Tomaten
1 Prise Oregano
5 Knoblauchzehen
frischer Majoran
12 schwarze Oliven (ohne Kern)
1/2 Glas Weißwein
Olivenöl
4 große Kartoffeln
Salz, Pfeffer

- Sardellen säubern, ausnehmen und die Gräten entfernen.
- Sardellenfilets, Petersilie, Pinienkerne, getrocknete Tomaten, Oregano, Knoblauch, Majoran und Oliven sehr fein hacken und in einer Schüssel vermengen. Nach und nach Weißwein und Olivenöl unterrühren, so dass eine dickflüssige Sauce entsteht.
- Die geschälten Kartoffeln in feine Scheiben schneiden. In einer mit Olivenöl ausgestrichenen Auflaufform die Kartoffeln, die Sardellen und die Sauce in dieser Reihenfolge abwechselnd übereinanderschichten. Die oberste Schicht sollte auf jeden Fall aus Sauce bestehen.
- Die Form mit etwas Alufolie bedecken und im vorgeheizten Backofen bei 170 °C etwa 20–25 Min. backen. Sofort servieren.

BURRIDA

STOCKFISCH-EINTOPF

Zutaten für 6 Personen:
600 g Stockfisch
4 eingelegte Sardellenfilets
3 Dutzend kleine schwarze Oliven
1 kleiner Bund frische glatte Petersilie
5 Knoblauchzehen
1 kleine Zwiebel
2 Karotten
1 Staudensellerie
5 in Öl eingelegte getrocknete Tomaten
1 Peperoni
frischer Majoran
1 Glas Weißwein
6 mittelgroße Kartoffeln
1 Handvoll Pinienkerne (am besten aus dem Reformhaus!)
20 g getrocknete Steinpilze
4 reife Tomaten
Olivenöl
Weißbrot
evtl. Gemüsebrühe

- Stockfisch mind. 24 Std. wässern, das Wasser dabei 2–3 mal wechseln. Den Fisch danach gut abwaschen, häuten und entgräten und in mundgerechte Stücke schneiden.
- Sardellenfilets, 1 Dutzend Oliven, Petersilie, Knoblauchzehen, Zwiebel, Karotten, Staudensellerie, getrocknete Tomaten, Peperoni und Majoran feinhacken, mit reichlich Olivenöl in einem großen Topf gut anbraten.
- Stockfisch in den Topf geben und ebenfalls ein wenig anbraten. Dann den Weißwein zufügen und verkochen lassen.
- Die geschälten und kleingeschnittenen Kartoffeln, die Pinienkerne, die übrigen schwarzen Oliven, die getrockneten Pilze (vorher ein wenig einweichen) und die Tomaten (vorher überbrühen und häuten) dazugeben. Falls der Eintopf zu trocken ist, noch etwas Gemüsebrühe zufügen.
- Bei niedriger Hitze etwa 40 Min. köcheln lassen und sofort mit im Ofen gerösteten Brotscheiben servieren.

TORTA DI CIOCCOLATO CON CREMA DI MASCARPONE

SCHOKOLADENKUCHEN MIT MASCARPONECREME

Zutaten für 1 Springform (28 cm ø):

Für den Kuchen
250 g Bitterschokolade
125 g Butter
6 Eier
2 EL Puderzucker

Für die Mascarponecreme
3 Eier
2 EL Zucker
250 g Mascarpone

- **Für den Kuchen** die Schokolade mit der Butter im Wasserbad schmelzen.
- Eier trennen, die 6 Eigelb mit dem Puderzucker verrühren und das Eiweiß steif schlagen.
- Die geschmolzene Schokolade mit dem Eigelb gut verrühren, dann den Eischnee vorsichtig unter die Schokoladenmasse heben.
- Den Teig in eine mit Butter ausgestrichene und bemehlte Springform füllen und im vorgeheizten Backofen bei 140 °C 30–35 Min. backen. Den Kuchen abkühlen lassen, aus der Form stürzen und mit Puderzucker bestreuen.
- **Für die Mascarponecreme** die Eier trennen. Die 3 Eigelb mit dem Zucker verquirlen, dann den Mascarpone zugeben und alles gut verrühren. Das Eiweiß steif schlagen und vorsichtig unter die Mascarponecreme heben. Den Kuchen mit der Creme servieren.

Tipp

Lecker schmeckt die Mascarponecreme auch zu frischen Erdbeeren.

Variation

Statt mit Mascarponecreme schmeckt der Kuchen natürlich auch mit Schlagsahne sehr gut.

Ristorante
NON LASCIARE ALLA PORTATA DEI BAMBINI
KIMONO®
DER GRÜNE PUNKT
ARTICOLO A QUALITA' CONTROLLATA
8
KIMONO®
STUZZICADENTI
IN LEGNO DI BETULLA
QUALITÁ GARANTITA
ROSSELLI - EMPOLI
STERILIZZATI
CURE DENTS
TOOTH PICKS
ZAHNSTOCHER
KIMONO®
CARTONE PER ALIMENTI
Stuzzicadenti

sono la femmina
camicia aperta

piccole tette
da succhiare

Eldorado

alla
spiaggia
sabato,
25. maggio

ZAFFERANO
marca
3 CUOCHI

il cielo
il mare
il calore
le nuvole
colori
le onde
la maretta
il blu
l'acqua
l'oceano
la costa
il porto
l'aria
SUPERCIRIO®
per una cucina a GUSTOCRUDO
CIRIO COME NATURA CREA
CONCENTRATO DI POMODORO
SUPERCIRIO®
per una cucina a GUSTOCRUDO
CIRIO COME NATURA CREA
CONCENTRATO DI POMODORO

azzurro

GLI UOMINI
DIE MÄNNER

Nonna Als sich deine Mutter und dein Vater Anfang der sechziger Jahre hier in Finale kennenlernten, strömten die Deutschen in Scharen zu uns nach Italien. Im Sommer war es so voll hier, dass die Pensionen und Hotels aus allen Nähten platzten. Viele Leute vermieteten sogar ihre privaten Wohnungen und schliefen statt dessen in der Garage oder am Strand. Einige deutsche Frauen lernten in diesen Jahren hier ihre italienischen Männer kennen.

Mein Mann Mario und ich hatten damals noch unser Restaurant Cucù an der Promenade. Deine Mutter und ihre Freundin spazierten jeden Tag im Minirock und mit toupierten Haaren dort vorbei. Abends saßen die beiden in den Hollywoodschaukeln der Bars und verdrehten den Männern die Köpfe. Das italienische Essen schmeckte ihnen gar nicht, sie fanden es schrecklich, deshalb steckten sich die beiden morgens beim Frühstück trockene Brötchen in die Handtasche, um den Tag zu überstehen. Und ab und zu leisteten sie sich im Deutschen Eck Schnitzel mit Pommes. Monica, deine Mutter, war so dünn damals! Das einzige, was sie mochte, waren meine Maccheroni al ragù und meine gefüllten Pfirsiche. Im Jahr darauf kam dann schon dein Bruder auf die Welt, und dein Vater ging mit den beiden nach Deutschland.

Ich musste sehr früh anfangen, für mich selbst zu sorgen. Als ich vierzehn war, ging ich nach Turin, um als Dienstmädchen und Köchin im Hause eines Grafen zu arbeiten. Ich hatte schreckliches Heimweh. Aber wenn ich in den Ferien nach Hause fuhr und meine Mutter bat, bleiben zu dürfen, sagte sie nur: »Und was willst du essen?« Der Graf hatte noch ein zweites Haus, in Finale Ligure, wohin ich die Familie begleitete, wenn sie dort Ferien machte. Dort habe ich mit siebzehn Mario kennengelernt und ihn drei Monate später geheiratet. Damals war es üblich, so schnell zu heira-

ten, da man ohne Trauschein nicht zusammenleben durfte. Ich finde es gut, dass das heute anders ist. Dass man sich erst kennenlernen und seine Meinung auch noch einmal ändern kann. Wenn ich damals gewusst hätte, was auf mich zukommt, hätte ich es mir sicher anders überlegt. Schon nach unserer Hochzeitsreise ins nächste Dorf hätte ich es eigentlich besser wissen müssen. Aber einmal verheiratet, bleibt die gute italienische Ehefrau eben bei ihrem Mann. Kurze Zeit später kam Aldo, dein Vater, auf die Welt. Mario war im Krieg, und ich lebte in Calizzano bei meinen Eltern. Dort lernte ich einen anderen Mann kennen. Er hatte sich in mich verliebt, und ich mochte ihn auch gern. Doch bald darauf kam Mario aus dem Krieg zurück, und wir gingen zusammen nach Finale, wo wir unser Restaurant Cucù an der Promenade eröffneten. Eines Tages ist Mario dann mit Mariangela, einer unserer jungen Kellnerinnen, und unserem ganzen Geld durchgebrannt. Ich war Anfang vierzig und hatte die letzten fünfundzwanzig Jahre nur gearbeitet, im Sommer sieben Tage die Woche!
Aber schon kurz darauf lernte ich Berto kennen. Er kam ja fast jeden Tag in unser Restaurant, weil er meinen Risotto so gern mochte. Nun, und eines Tages hab' ich ihn dann eben mit zu mir genommen. Du weißt ja, dass ich es nicht mag, allein zu sein. Ich brauche jemanden, um den ich mich kümmern kann, für den ich die Wäsche wasche, bügele und Essen koche. Das Cucù habe ich nun schon lange verkauft. Berto und ich leben jetzt seit fast vierzig Jahren zusammen, und wir haben uns aneinander gewöhnt. Er fährt am Wochenende zu seinen mercati, seinen Flohmärkten, wo er Briefmarken, Münzen und Bilder kauft und verkauft, von denen er mir immer erzählt, dass sie Millionen wert sind. Ich weiß nicht, so ganz glaube ich ihm das nicht. Er kommt eigentlich immer mit weniger Geld nach Hause, als er vorher hatte, meint aber, ein gutes Geschäft gemacht zu haben. Aber er ist ein friedlicher Mensch, nicht so wie Mario. Berto lässt mich in Ruhe und geht jeden Vormittag und jeden Nachmittag in seine Garage, um Briefmarken zu sortieren. Er holt mich von der Pension ab, und wenn ich noch nicht fertig bin, sitzt er im Auto und löst Kreuzworträtsel, auch wenn er manchmal zwei Stunden warten muss. Berto ist sehr geduldig, und er weiß es zu schätzen, dass ich eine gute Köchin bin! Für meinen Lammbraten und meine Polenta liebt er mich ganz besonders!

MACCHERONI AL RAGÙ

MAKKARONI MIT HACKFLEISCH

Zutaten für 4–6 Personen:

1 Zwiebel
1 Staudensellerie
1 Karotte
frischer Rosmarin
wenig Olivenöl
150 g Hackfleisch, halb und halb
1/2 Glas Weißwein
100 g Tomatenmark
2 Lorbeerblätter
2 Glas Wasser
500 g Maccheroni
Salz

- Zwiebel, Sellerie, Karotte und Rosmarin kleinhacken und in einem Topf mit wenig Olivenöl etwas anbraten.
- Hackfleisch dazugeben, mit einer Gabel etwas zerdrücken, damit es keine Klümpchen gibt, und schön durchbraten.
- Wenn das Fleisch gut angebraten ist, $\frac{1}{2}$ Glas Weißwein zufügen und verkochen lassen.
- Tomatenmark, Lorbeerblätter und 2 Gläser Wasser dazugeben, salzen.
- Bei niedriger Hitze mit geschlossenem Deckel mind. $1\frac{1}{2}$ Std. kochen lassen.
- Maccheroni in Salzwasser kochen, abgießen, mit der Sauce vermengen und sofort servieren.

PESCHE RIPIENE

GEFÜLLTE PFIRSICHE

Zutaten für 4 Personen:
4 mittelgroße gelbe Pfirsiche
50 g Amarettikekse
4–5 EL Amarettolikör
Butter

- Die Pfirsiche halbieren, den Stein entfernen und mit einem Teelöffel etwas Fleisch herausnehmen.
- Amarettikekse in einem Mörser zerstoßen, mit dem Pfirsichfleisch und dem Amarettolikör mischen und die Pfirsichhälften mit der Masse füllen.
- Früchte in eine dick mit Butter ausgestrichene Auflaufform setzen. Auf jede Pfirsichhälfte eine große Butterflocke geben und im vorgeheizten Backofen bei 150 °C etwa 25 Min. überbacken. Warm servieren.

Tipps

Diesen Nachtisch am besten nur in der Pfirsichzeit machen, wenn die Früchte schön reif und süß sind. Auch die Qualität der Amarettikekse ist wichtig: Am besten verwendet man die festen ohne Hagelzucker der Marke Sapori.

RISOTTO CON ZUCCA E GORGONZOLA

KÜRBISRISOTTO MIT GORGONZOLA

Zutaten für 4–6 Personen:
1 Schalotte
etwas Olivenöl
etwas Butter
300 g Hokkaido-Kürbis
Muskatnuss
300 g Risottoreis
150 ml Weißwein
etwa 1,5 l Gemüse- oder Hühnerbrühe
50 g Gorgonzola
Salz, weißer Pfeffer

- Schalotte feinhacken und in Olivenöl und Butter glasig braten. Den geschälten Kürbis in kleine Würfel schneiden und dazugeben. Etwas anschwitzen und mit Salz, Pfeffer und geriebener Muskatnuss würzen.
- Reis dazugeben und ebenfalls ein wenig anbraten. Mit dem Weißwein ablöschen und etwas einkochen lassen. Dann mit etwa ¼ l heißer Brühe aufgießen und einkochen lassen. Bei niedriger Hitze weiterköcheln lassen, immer wieder umrühren und nach und nach mit Brühe auffüllen, bis der Reis bissfest und immer noch schön feucht ist.
- Vom Herd nehmen und den Gorgonzola in das heiße Risotto geben darin auflösen lassen und umrühren. Sofort servieren.

Tipp

Mit dem Risotto vom Vortag kann man leckere Reisküchlein machen. Dazu aus dem Risotto kleine Küchlein formen und in Butter goldgelb braten. Zum Schluss mit geriebenem Parmesan bestreuen.

Variationen

Risotto con zucca e parmigiano: Statt des Gorgonzolas gibt man reichlich geriebenen Parmesan und ein gutes Stück Butter an den Reis.
Risotto alla milanese: Diese Variante macht man ganz ohne Gemüse. Der Reis wird zum Schluss einfach mit ein paar Safranfäden verfeinert.
Risotto con porcini: Eine Handvoll Steinpilze etwa 30 Min. in etwas kaltem Wasser einweichen; die Pilze nach dem Weißwein mit dem Einweichwasser zum Reis geben. Zum Schluss das Risotto mit einem guten Stück Butter und reichlich geriebenem Parmesan verfeinern.
Risotto con asparagi: Von etwa 500 g grünem Spargel die holzigen Enden entfernen, die Stangen in grobe Stücke schneiden. In einer Pfanne mit etwas Olivenöl anbraten. Den Reis zunächst allein kochen lassen und die Spargelstücke erst nach etwa 20 Min dazugeben.

BRASATO D'AGNELLO CON PEPERONATA

LAMMBRATEN MIT PAPRIKAGEMÜSE

Zutaten für 4 Personen:

Für den Braten
1,5 kg junges Lammfleisch
frischer Rosmarin
reichlich Olivenöl
Salz

Für die Peperonata
4 rote Paprikaschoten
1 Knoblauchzehe
Olivenöl
Oregano
Salz

- **Für den Braten** das Fleisch mit Salz und Rosmarin gut einreiben.
- Reichlich Olivenöl in einem Bräter erhitzen und das Fleisch darin von allen Seiten anbraten.
- Anschließend den Braten im vorgeheizten Backofen bei 250 °C etwa 1 Std. lang schmoren.
- **Für die Peperonata** die Paprikaschoten halbieren, Kerne entfernen und im Ofen bei 250 °C so lange rösten, bis die Schale anfängt schwarz zu werden.
- Kurz abkühlen lassen. Dann die Haut abziehen, Paprika in Streifen schneiden und in eine Schüssel legen. Etwas salzen, den in feine Scheiben geschnittenen Knoblauch und Olivenöl dazugeben und mit Oregano bestreuen. Zum Lammbraten servieren.

Tipp

Die Peperonata schmeckt warm als Beilage, aber auch kalt als Vorspeise zu Weißbrot.

POLENTA

MAISBREI

Zutaten für 4 Personen:

1,5 l Fleisch- oder Gemüsebrühe	etwas Butter
1/2 l Milch	geriebener Parmesan
300 g Maisgrieß	Salz

- Die Brühe mit der Milch aufkochen, dann den Grieß langsam unter ständigem Rühren in den Topf rieseln lassen und etwas salzen. Gut 40 Min bei niedriger Hitze gar kochen, dabei sehr oft kräftig umrühren.
- Zum Servieren die Polenta auf die Teller verteilen, in eine Mulde ein Butterstück geben und mit reichlich Parmesan bestreuen.

Tipps

Polenta passt gut als Beilage zum Lammbraten mit Paprikagemüse (siehe Seite 76).

Wenn man die Polenta auf einem Backblech glattstreichen und kalt werden lässt, kann man sie am nächsten Tag in Stücke schneiden und in einer Pfanne in Butter anbraten. Schmeckt köstlich!

Variation

Gnocchi alla romana: Aus dem fest gewordenen Polentateig mit einem kleinen Glas runde Taler ausstechen und in eine mit Butter ausgestrichene Auflaufform setzen. Mit flüssiger Butter übergießen und mit reichlich Parmesan bestreuen. Dann etwa 30 Min. im Backofen bei 150 °C backen.

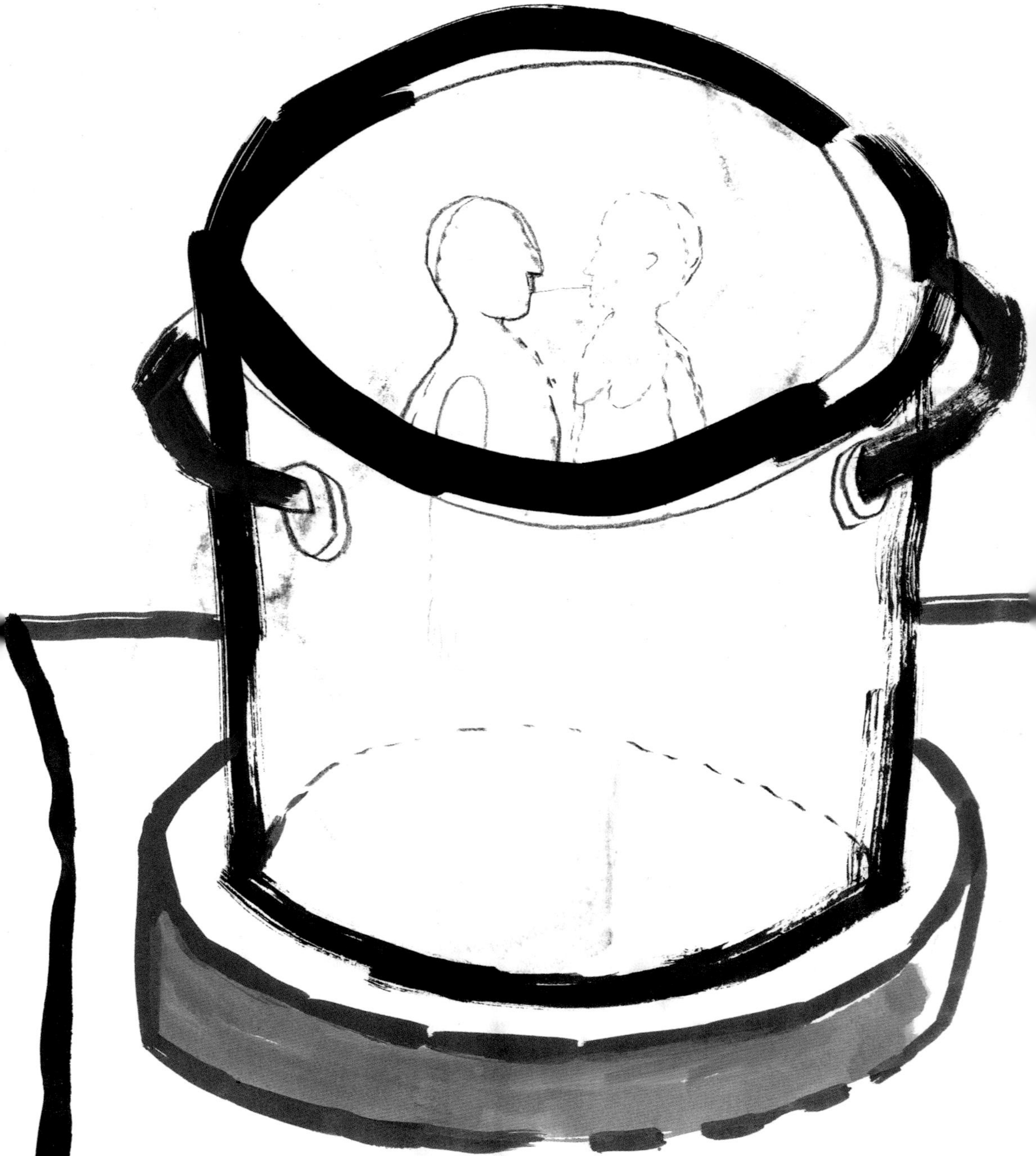

Kochen
ist
Frauensache

mia nonna a Torino

orata, marmora,
pagello (BRASSE)

sardina, acciuga
(SARDINE)

POMODORI
sotto vuoto

1
uno
2
due
3
tre
Natureller
SAFRAN
DER GRÜNE PUNKT
Fuchs Gewürze
49201 DISSEN
fferano

LA NOSTALGIA
DAS HEIMWEH

Larissa Nachdem meine Eltern einige Jahre zusammen in Deutschland gelebt hatten – mein Vater arbeitete wie so viele seiner Landsleute in der Gastronomie – trennten sie sich. Ein paar Jahre später kehrte mein Vater wieder nach Italien zurück. Wir fuhren weiterhin regelmäßig unsere Nonna besuchen, und, nachdem meine Mutter irgendwann sogar die Führerscheinprüfung bestanden hatte, konnten wir dafür auch das Auto nehmen. Nach ein oder zwei Wochen Pfingstferien in Finale Ligure kamen wir immer voll beladen nach Deutschland zurück: mit Kanistern voll Olivenöl, Kisten mit Wein, riesigen Stücken Parmesankäse, ligurischen Oliven und anderen Köstlichkeiten, die Nonna selbst gemacht hatte, wie eingemachte Tomaten oder eingelegte Steinpilze und Artischocken. Außerdem gab uns Nonna immer Tüten voll von würzig duftendem Oregano mit, den sie in den Bergen gesammelt und dann getrocknet hatte.
Diese mitgebrachten Delikatessen waren uns oft ein Trost in Deutschland, wenn wir an trüben Tagen in unserer Wohnung saßen, im Radio italienische Schlager dudelten und uns die Sehnsucht nach dem Süden überkam. Dann lud meine Mutter Freunde ein, machte gefüllte Zwiebeln und entkorkte eine Flasche Barbera. Wir öffneten eines der wertvollen Einmachgläser, aus denen uns der Duft Italiens entgegenströmte, der die Erinnerungen an das Land, wo die Zitronen blühen, in uns wach werden ließ.
Da Nonna während der warmen Monate immer arbeitete, konnte sie uns nur im Winter besuchen kommen. Sie reiste nie gern, am liebsten blieb sie zu Hause in Finale Ligure. Daran änderte auch die Tatsache nichts, dass ihre Enkelkinder in Deutschland lebten. Das einzige, was ihr bei uns gefiel, waren die gemütlichen Wohnungen mit dem Teppichboden und die vielen Kerzen, die meine Mutter überall in der Wohnung verteilte, sowie die warmen deutschen Daunendecken und Leberwurst auf dunklem Vollkorn-

brot. Ansonsten fror sie die ganze Zeit und fühlte sich ziemlich verloren. Eingepackt in ihren Wintermantel wackelte sie freudlos durch die Gegend. Besonders unsere Fußgängerzonen deprimierten sie, und sie hatte großes Heimweh. Besser wurde es, wenn man sie in die Küche ließ. Wenn sie anfing, mit den Töpfen zu klappern, fühlte sie sich zu Hause.
Nonna brachte meiner Mutter im Laufe der Zeit immer mehr ihrer köstlichen Rezepte bei. Meine Mutter lernte den Geschmack der italienischen Küche lieben und die ihr anfangs fremden Gerichte perfekt nachzukochen. Zu ihren Spezialitäten wurden die Perlhuhnterrine und die Stracciatella, eine Suppe mit Eierflocken, die mir als Kind wahrscheinlich auch deshalb so gut schmeckte, weil sie genauso hieß wie meine Lieblingseissorte. Manche Rezepte veränderte sie und stritt sich dann mit Nonna, wer von beiden es besser zubereitete. Ein Gericht, das wir alle besonders gern mochten, war Spaghetti alla carbonara, Spaghetti mit Eiern und Speck. Der Name dieses Gerichts kommt von dem schwarzen, an Kohlenstaub erinnernden Pfeffer, den man zum Schluss über die Nudeln streut – carbonara kommt von carbone, Kohle. Besonders an kalten Winterabenden ist es ein köstlich deftiges Essen, das einem den Bauch wärmt.
Meine Nonna ist fest davon überzeugt, dass sie die Spaghetti alla carbonara schon immer und noch nie anders als mit durchwachsenem geräuchertem Speck zubereitet hat, und das ist ihrer Meinung nach auch die einzig richtige Art. Meine Mutter hingegen pocht darauf, dass sie es ja von ihr, der Nonna, gelernt habe und dass auf alle Fälle fetter geräucherter Speck daran gehöre. Das schmecke doch nur so wirklich gut, und schließlich sei sie in ihrem Bekanntenkreis ja auch dafür berühmt und bekomme regelmäßig Anfragen: »Monica, wann lädst du uns mal wieder ein zu deinen Spaghetti alla carbonara?«

CARCIOFI SOTT'OLIO

EINGELEGTE ARTISCHOCKEN

Zutaten für etwa 3 Gläser:
20 junge Artischocken mit Stacheln (zum Einlegen müssen es die kleinen sein, die es erst zum Ende der Artischockensaison im Mai gibt)
1 Zitrone
$^{3}/_{4}$ l Weißwein
$^{1}/_{2}$ l Weißweinessig
schwarze Pfefferkörner
Lorbeerblätter
reichlich Olivenöl
Salz

- Die holzigen äußeren Artischockenblätter entfernen, bis nur noch die hellgrünen, zarten Schichten übrigbleiben. Die Spitze der Artischocken abschneiden, den Stängelansatz abschälen und die Artischocken der Länge nach vierteln. Das faserige »Heu« aus dem Innern entfernen. Artischockenstücke in eine Schüssel mit Wasser und Zitronenscheiben legen, damit sie nicht verfärben.
- Weißwein und Weißweinessig mit etwas Salz aufkochen, Artischocken dazugeben und etwa 10–15 Min. kochen lassen.
- Artischocken abtropfen lassen, auf einem Frotteehandtuch ausbreiten und mind. 2 Tage trocknen lassen.
- In Einmachgläser füllen, schwarze Pfefferkörner und ein paar frische Lorbeerblätter dazugeben, Artischocken gut feststopfen und dann die Gläser bis zum Rand mit Olivenöl füllen. Zuschrauben und 2 Monate durchziehen lassen. Die eingelegten Artischocken halten sich geschlossen mind. 3 Jahre.

Tipp

Zum Putzen der Artischocken am besten Küchenhandschuhe anziehen, damit man sich nicht sticht!

Variationen

Auf dieselbe Art kann man auch andere Gemüsesorten einlegen, z. B. frische Steinpilze, Karotten oder roten Paprika.

CIPOLLE RIPIENE

GEFÜLLTE ZWIEBELN

Zutaten für 6 Personen:
5 mittelgroße mehlig-
kochende Kartoffeln
5 sehr große Zwiebeln
(aber keine Gemüsezwiebeln!)
Olivenöl
500 g Hackfleisch, halb und halb
1 Bund frische glatte Petersilie
4 Eier
100 g geriebener Parmesan
Semmelbrösel von 1 Brötchen
Salz

- Die geschälten Kartoffeln ein paar Std. vorher kochen, damit sie abkühlen können.
- 4 Zwiebeln schälen und in reichlich Salzwasser 25–30 Min. kochen. Etwas abkühlen lassen und längs halbieren.
- Die Zwiebelhälften auseinanderpellen, so dass unterschiedlich große, halbrunde Schiffchen entstehen, die man einzeln auf einer Arbeitsplatte auslegt.
- 1 rohe Zwiebel schälen, feinhacken und in einer Pfanne mit viel Olivenöl glasig dünsten. Dann das Hackfleisch dazugeben, mit einer Gabel zerdrücken und in der Pfanne garen. Evtl. noch etwas Olivenöl beifügen, da das Fleisch nicht zu trocken werden darf.
- Die Kartoffeln mit einer Gabel zerdrücken, Petersilie kleinhacken und mit den Eiern und dem Parmesan dazugeben. Semmelbrösel nach und nach untermengen, bis die Masse recht trocken ist. Dann das Fleisch dazugeben und salzen.
- Die Zwiebelschiffchen mit der Masse füllen und auf ein geöltes Backblech setzen. Ein wenig Olivenöl darüberträufeln und mit Semmelbröseln bestreuen.
- Im vorgeheizten Backofen bei 180 °C auf mittlerer Schiene etwa 25 Min. garen, bis die Zwiebeln unten am Blech braun werden. Sofort servieren

Tipps

Die gefüllten Zwiebeln sind eine delikate Vorspeise, man kann sie aber auch als Hauptgericht mit Brot und Salat essen. Außerdem schmecken sie auch kalt am nächsten Tag!

Für Vegetarier

Köstlich schmecken die gefüllten Zwiebeln auch mit der auf Seite 34 beschriebenen fleischlosen Füllung.

TERRINA DI FARAONA

PERLHUHNTERRINE

Zutaten für 6–8 Personen:

2 Perlhühner (zusammen etwa 2 kg)
300 g fetter Speck
2 Eier
50 g Pistazienkerne (ungesalzen)
200 g hauchdünne Scheiben fetter Speck
1 TL Salz
weißer Pfeffer

- Perlhühner waschen, abtrocknen und die Haut, die Sehen und die Knochen entfernen. Das Fleisch (es sollten noch etwa 800 g sein) und die 300 g Speck zweimal durch den Fleischwolf drücken.
- Zu dem passierten Fleisch ein ganzes Ei, ein Eigelb, die Pistazien, 1 TL Salz und etwas Pfeffer geben und alles gut vermischen.
- Eine Kastenform bis zum oberen Rand mit den hauchdünnen Speckscheiben auslegen und die Fleischmasse hineinfüllen. Glattstreichen und die restlichen Speckscheiben darüberlegen.
- Die Form mit einem Deckel oder Alufolie verschließen und in ein mit Wasser gefülltes hohes Backblech setzen.
- Pastete im Backofen bei 200 °C etwa 1 Std. garen. Dann den Ofen ausschalten und die Pastete darin abkühlen lassen.
- Im Kühlschrank einige Std. durchziehen lassen und in Scheiben geschnitten kalt servieren.

Tipp

Am einfachsten ist es, wenn man das Fleisch gleich beim Metzger passieren lässt, die Knochen sollte man sich aber auf jeden Fall für eine feine Fleischbrühe (z. B. für die Stracciatella, siehe Seite 94) mitgeben lassen.

STRACCIATELLA

EIERFLOCKENSUPPE

Zutaten für 6–8 Personen:
4 Eier
3 EL Semmelbrösel
4 EL geriebener Parmesan
Muskat
1,5 l Fleisch- oder Gemüsebrühe
frische glatte Petersilie
Salz, Pfeffer

- Eier, Semmelbrösel und Parmesan gut verrühren und etwas Salz, Pfeffer und geriebenen Muskat dazugeben.
- Die Brühe zum Kochen bringen. Die Eiermasse unter ständigem Rühren mit einem Schneebesen in die kochende Brühe geben, so dass kleine Eierflocken entstehen.
- Petersilie in feine Streifen schneiden und beim Servieren auf die Suppe streuen.

Tipp

Wenn man die Stracciatella in Verbindung mit der Perlhuhnterrine (siehe Seite 92) macht, kann man für die Fleischbrühe wunderbar die Knochen vom Perlhuhn in 1,5 l Wasser etwa 1 Std. auskochen, was besonders fein schmeckt! Die Brühwürfel aus dem Reformhaus ergeben eine sehr gute Gemüsebrühe.

SPAGHETTI ALLA CARBONARA

SPAGHETTI MIT SPECK

Zutaten für 4–6 Personen:

Für das Rezept meiner Nonna

4 Eigelb
100 g geriebener Parmesan
100 ml Milch
100 g durchwachsener, geräucherter Speck
Butter
500 g Spaghetti
Salz, schwarzer Pfeffer

Für das Rezept meiner Mama

2 Eigelb und ein halbes Eiweiß
100 g geriebener Parmesan
100 g fetter geräucherter Speck
500 g Spaghetti
Salz, schwarzer Pfeffer

- **Für das Rezept meiner Nonna** die 4 Eigelb, Parmesan und Milch zu einer recht dünnflüssigen Creme schlagen und salzen und pfeffern.
- Den gewürfelten Speck in einer Pfanne mit einem kleinen Stück Butter bei milder Hitze ausbraten.
- Spaghetti in vier Teile brechen, in Salzwasser kochen, abgießen und in der Pfanne mit dem Speck und einem Stück Butter wenden.
- Eiercreme darunterrühren und vom Herd nehmen. Die Creme muss dickflüssig werden und etwas stocken, darf aber nicht gerinnen.
- Die Spaghetti vor dem Servieren mit reichlich grobgemahlenem schwarzen Pfeffer bestreuen.
- **Für das Rezept meiner Mama** die 2 Eigelb und das Eiweiß mit dem geriebenen Parmesan und sehr viel schwarzem Pfeffer verrühren, so dass eine recht feste Masse entsteht.
- Speck in feine Würfel schneiden und in einer Pfanne auslassen, bis er goldbraun ist.
- Spaghetti in vier Teile brechen und in Salzwasser kochen.
- Den Speck mit dem ausgelassenen Fett zu der Eiermasse geben und schnell verrühren.
- Die abgetropften Nudeln mit der Carbonara-Sauce sofort gut durchmischen.
- Die Spaghetti vor dem Servieren mit reichlich grobgemahlenem schwarzen Pfeffer bestreuen.

A B C D E F G H
I J K L M N O P Q R
S T U V W X Y Z
IO SONO **SORDOMUTO, COMPRATE** QUESTO ALFABETO
DEI SORDOMUTI DEL MONDO - **LIBERA OFFERTA** - **Grazie**

mangiare, prendere
un cibo, masticarlo
e deglutirlo, nutrire,
nutrimento,
l'alimentazione:
somministrazione o
assunzione delle
sostanze contenenti i
principi nutritivi,
necessari agli
organismi viventi,
il valore nutritivo,
i prodotti alimentar
una mangiata:
atto del mangiare
una volta e in
abbondanza

vivere = nutrirsi
ho sete
ho fame
1
2a
2b

la famiglia

LE SCARPE
DIE SCHUHE

Nonna Calizzano ist ein kleiner Ort im bergigen ligurischen Hinterland auf über sechshundert Metern Höhe. Dort wurde ich geboren. Meine fünf Geschwister und ich lebten mit meinen Eltern, die einfache Bauern waren, in einem kleinen Haus am Rande des Dorfes. Das Meer schien uns unendlich weit entfernt, obwohl man heute mit dem Auto keine halbe Stunde zur Küste braucht. Meine Großmutter ist gestorben, ohne das Meer ein einziges Mal in ihrem Leben gesehen zu haben!
Wir waren arm, zu Weihnachten gab es höchstens eine Mandarine oder ein paar Nüsse als Geschenk, aber wir freuten uns, als wären es die teuersten Pralinen. Meine Eltern liebten uns Kinder über alles. Jedes Kind besaß nur ein Paar Schuhe, und die wurden sonntags in der Kirche getragen. Ansonsten liefen wir immer barfuß oder in zoccoli, den Holzpantinen, auch im Winter, wenn Schnee lag. Wir waren ständig draußen, im Wald und auf den Wiesen; oft kamen wir völlig durchnässt nach Hause. Im Winter war es dort oben in den Bergen sehr kalt. Und weil die Häuser damals nicht gut isoliert waren und es nur in der Küche einen Ofen gab, bildete sich in unserem Schlafzimmer manchmal sogar Eis. Wir hatten keine Bettdecken, sondern benutzten alte Militärmäntel, um uns zuzudecken. Das hat uns abgehärtet – in meiner Kindheit musste der Arzt nicht einmal zu uns kommen!
Ich fing an zu kochen, als ich zu sprechen begann. Ich glaube, meine Mutter hat es mir nicht einmal beigebracht, ich habe es einfach gemacht. Wir Kinder mussten früh anfangen zu arbeiten, kaum hatten wir laufen gelernt, wuschen wir das Geschirr und machten frische Pasta für Tagliatelle. Die Tomaten für die Pastasauce wuchsen in unserem Garten und schmeckten süß wie Obst. Manchmal machten wir auch Lasagne mit Brennnesseln oder anderen Kräutern, die bei uns wuchsen. Alles, was wir brauchten, um uns zu ernähren, hatten wir selbst. Wir bauten Getreide an, pflanzten

Gemüse, und auf den Wiesen um unser Haus standen Obstbäume. Im Wald sammelten wir Pilze und Kastanien, außerdem hatten wir Hühner, Gänse, Kaninchen, Ziegen und zwei Kühe. Geld gab es fast überhaupt nicht. Nur für die Milch unserer Kühe, die wir verkauften, bekamen wir ein wenig Geld, von dem wir die wenigen Dinge kauften, die wir selbst nicht hatten, wie Zucker und Salz.
Aber ich erinnere mich auch noch gut, wie meine Mutter mich einmal losschickte, um Thunfisch zu kaufen, weil sie für einen besonderen Anlass einen Salat aus Thunfisch und Bohnen machen wollte. Thunfisch war bei uns in den Bergen etwas ganz Besonderes, ich wusste weder wie er aussah, noch hatte ich je davon gekostet. Ich ging also in den Dorfladen, legte die paar Lire auf die Theke und bekam dafür ein kleines Päckchen mit losem Thunfisch. Auf dem Weg nach Hause konnte ich der Versuchung nicht widerstehen, wenigstens ein ganz kleines bisschen davon zu probieren. Als ich zu Hause ankam, war von dem Thunfisch nichts mehr übrig. Dieser Fisch war das Allerköstlichste, was ich je gegessen hatte.
Mein Zwillingsbruder Rinaldo war eigentlich eher wie ein Mädchen und ich wie ein Junge. Ich kletterte auf die höchsten Bäume, während er unten stand und bettelte, ich möge ihm auch ein paar von den süßen Kirschen pflücken und hinunterwerfen. Unser Dorf war klein, aber als Kind kam es uns riesig vor. An dem Tag, als ich mit Rinaldo zum ersten Mal in die Schule ging, verliefen wir uns. Heute weiß ich, dass die Straßen in Calizzano klein und staubig sind, aber damals kamen sie mir größer vor als eine Autobahn. In der Schule musste mein Bruder mal Pipi. Als ich aus dem Fenster schaute, sah ich, dass er einfach mitten auf den Schulhof pinkelte, weil er es nicht anders gewohnt war und noch nie ein richtiges Klo gesehen hatte. Mein Zwillingsbruder Rinaldo und ich, wir waren unzertrennlich. Er ist im Zweiten Weltkrieg in Russland gefallen.

PASTA

NUDELN

Zutaten für 4–6 Personen
(Grundrezept):
500 g Mehl
4 mittelgroße Eier
Salz

- Mehl auf die Arbeitsfläche geben, in die Mitte eine Mulde drücken, dort Eier und Salz hineingeben und kräftig kneten, bis ein sehr fester Teig entsteht. Wenn er zu hart wird, kann man noch mal eine halbe Eierschale mit Wasser zufügen. Den Teig in ein feuchtes Tuch wickeln und etwa 30 Min. ruhen lassen.
- Den Teig mind. 8–10 Mal durch die breite Öffnung der Nudelmaschine drehen. Wenn er noch etwas klebt, sollte man ihn etwa 15 Min. auf der Arbeitsfläche trocknen lassen. Dann die Maschine auf die feinste Öffnung stellen und die Teigbahnen durchnudeln.
- Die dünnen Teigbahnen können für Lasagne verwendet werden. Will man Tagliatelle oder Spaghetti machen, die Teigbahnen noch mal durch die entsprechenden Öffnungen drehen. Die Nudeln dann zu kleinen Nestern drehen, etwas bemehlen und auf einem Handtuch ausbreiten.

Tipp

Die Pasta entweder frisch weiterverarbeiten oder an einem warmen Ort etwa 2 Tage trocknen lassen. Getrocknet hält sie sich bis zu 2 Monate; am besten in einer Schachtel an einem trockenen Ort aufbewahren.

LASAGNE CON ORTICA

BRENNNESSEL-LASAGNE

Zutaten für 4–6 Personen:

Für den Pastateig

siehe Grundrezept Seite 106

Für die Füllung

300 g Brennnesseln
2 EL Butter
2–3 EL Olivenöl
3–4 EL Mehl
$^{1}/_{2}$ l Milch
geriebener Parmesan
Salz

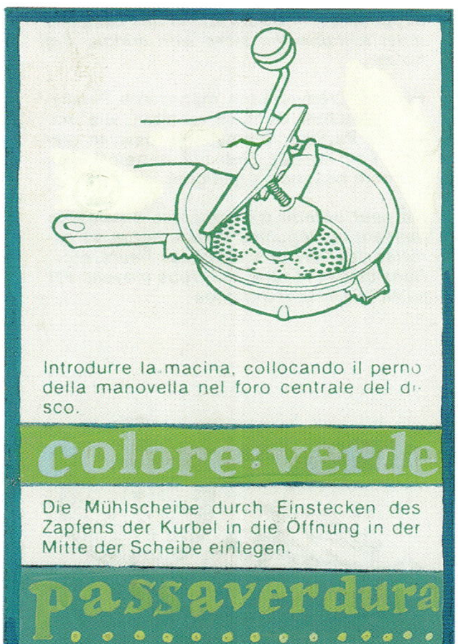

- Den Pastateig wie auf Seite 106 beschrieben zubereiten.
- **Für die Füllung** die Brennnesseln waschen und in einer Pfanne mit etwas Butter dünsten. Abkühlen lassen, das Wasser gut herausdrücken und dann im Mixer fein pürieren.
- Für die Bechamelsauce 1 EL Butter in einem Topf zergehen lassen und das Olivenöl dazugeben. Das Mehl einstreuen und unter Rühren anschwitzen. Kalte Milch nach und nach unterrühren, bis eine Creme entsteht. Wird sie zu fest, mit etwas Milch verdünnen. Beim Zugeben der Milch ständig umrühren, damit das Mehl keine Klümpchen bildet.
- Die pürierten Brennnesseln in die Bechamel geben und vermischen.
- Lasagneblätter in Salzwasser kochen (nur wenige Blätter auf einmal kochen) und einzeln abtropfen lassen, damit die Teigbahnen nicht aneinanderkleben.
- Eine Auflaufform mit Butter ausstreichen und mit den gekochten Lasagneblättern auslegen. Darauf eine dünne Schicht Brennnesselsauce verteilen und etwas Parmesan darüberstreuen. Mit der nächsten Pastaschicht bedecken, darauf wieder Brennnesselsauce und Parmesan verteilen. So etwa 3–4 Schichten machen und die oberste Pastaschicht noch einmal mit Parmesan bestreuen.
- Im vorgeheizten Backofen bei 150 °C etwa 10–15 Min. backen und gleich servieren.

Tipps

Am besten man verwendet die jungen hellgrünen Brennnesseln. Und man sollte sie natürlich nur mit Handschuhen pflücken!

Variationen

Man kann die Lasagne auch gut mit Löwenzahn- oder Bärlauchsauce zubereiten. Köstlich schmeckt es auch, wenn man die Bechamel einfach mit einigen EL Pesto (siehe Seite 162) verrührt.

SUGO DI POMODORI CON CAPPERI ED OLIVE

TOMATENSAUCE MIT KAPERN UND OLIVEN

Zutaten für 4–6 Personen:
1 kg reife Tomaten
2 Schalotten
1 Knoblauchzehe
Olivenöl
frisches Basilikum
1 EL eingelegte Kapern
6 schwarze ligurische Oliven
500 g Spaghetti
etwas Butter
geriebener Parmesan
etwas Zucker
Salz

- Tomaten mit kochendem Wasser überbrühen, häuten und in kleine Würfel schneiden.
- Schalotten und Knoblauchzehe feinhacken und in einer tiefen Pfanne in Olivenöl goldgelb dünsten.
- Tomaten dazugeben und mit Salz, Pfeffer und etwas Zucker würzen. Bei niedriger Hitze ohne Deckel mind. 30 Min. köcheln lassen, ab und zu umrühren, bis eine dickflüssige Sauce entstanden ist. Ein paar frische Basilikumblätter beifügen.
- Kapern waschen und ausdrücken, mit den Oliven kleinhacken und die letzten 10 Min. zur Tomatensauce dazugeben.
- Spaghetti in Salzwasser kochen, abgießen und mit etwas Butter in die Pfanne mit der Tomatensauce geben und vermengen. Auf die Teller verteilen, frischen Parmesan darüberreiben und sofort servieren.

Tipp

Man kann sommerreife Tomaten ganz unkompliziert konservieren. Einfach nach dem Häuten in Einmachgläser füllen, ein paar Blätter frisches Basilikum dazugeben und gut zuschrauben. Die Gläser in einem Topf mit kochendem Wasser mind. 20 Min. sterilisieren. Diese Konserven halten nahezu ewig!

INSALATA DI FAGIOLI E TONNO

BOHNEN-THUNFISCH-SALAT

Zutaten für 4 Personen:
2 Dosen dicke weiße Bohnen
1 Dose Thunfischfilets
1 mittelgroße weiße Zwiebel oder 2 Schalotten
frische glatte Petersilie
etwas Olivenöl
Salz, Pfeffer

- Bohnen abgießen und mit frischem Wasser gut abspülen. In eine Schüssel geben und eine Dose Thunfisch von guter Qualität untermischen.
- Zwiebel oder Schalotten in Streifen schneiden und mit der gehackten Petersilie, Salz, Pfeffer und Olivenöl anmachen Etwas durchziehen lassen und servieren.

Tipp

Am besten verwendet man Thunfisch, der nicht in Öl eingelegt ist.

Für Vegetarier

Der Salat schmeckt auch ohne Thunfisch gut. Lecker ist es auch, wenn man statt dessen in feine Streifen geschnittene Paprikaschoten (am besten von allen drei Farben eine halbe) daruntermischt.

TONNO
E 9
sesso
maschile ♂

Per ogni prodotto Pignacento
acquistato in questa cartoleria
richiedi in OMAGGIO l'esclusiva
penna Pignacento
Nano 1
Nano 2
Nano #3
Nano
nani

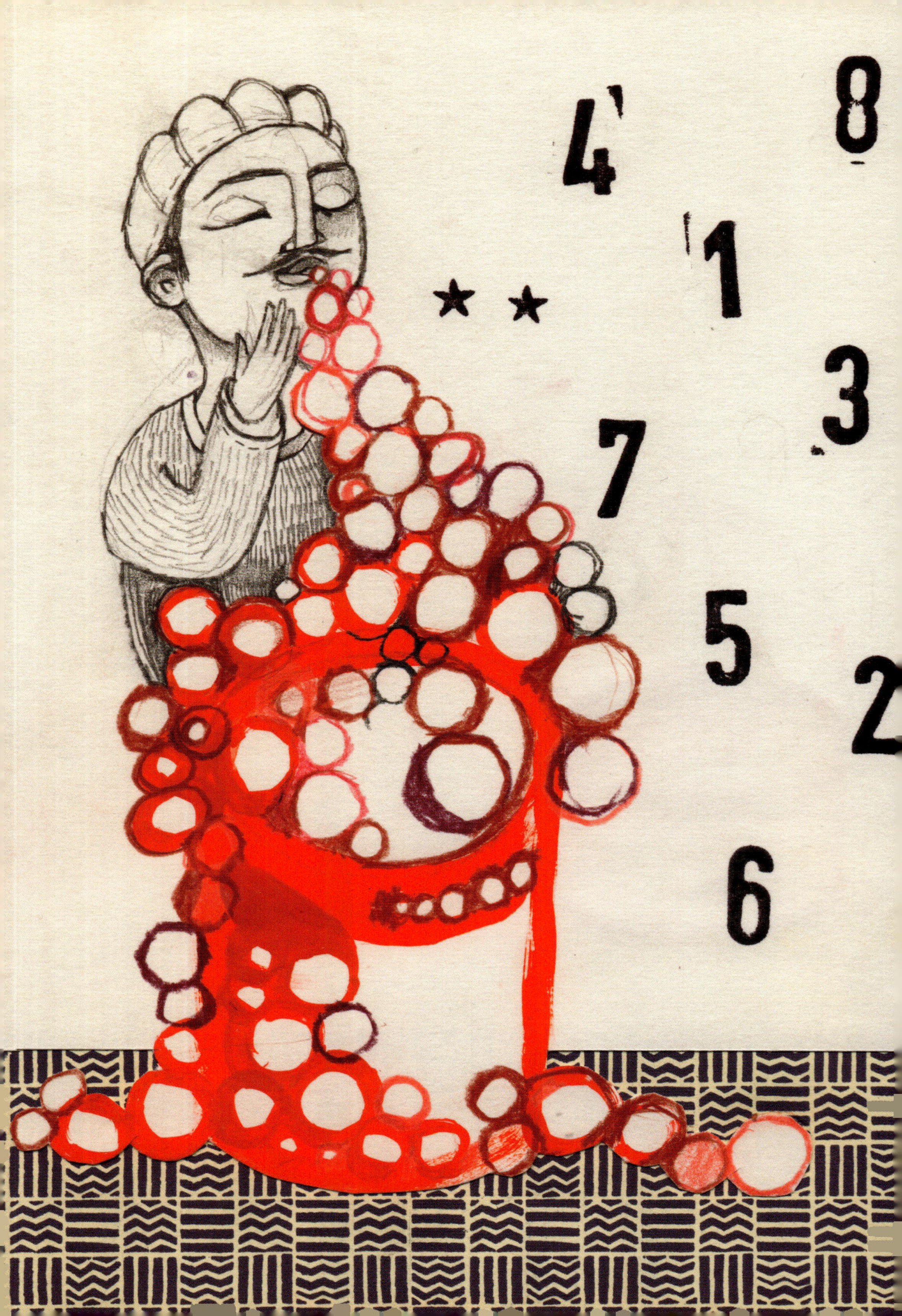
4
8
1
3
7
5
2
6

verdure
rosse
479824

coniglio
Salz
coniglio

mmmh … welch itali- enischer Lebens- gefühl duft: Rosmarin Oliven … mh …
UND GEILE ARTISCHOCKEN AUS ALBENGA
(BESONDERS ZART)

IL PAESE
DAS DORF

Larissa Auch ich habe viele schöne Erinnerungen an den Ort, in dem meine Nonna aufgewachsen ist. Es war immer ein besonderer Tag, wenn wir alle zusammen nach Calizzano fuhren und Bisnonno, unseren Urgroßvater, den wir einfach nur Nonno nannten, besuchten. Er lebte dort bei Rina, der Schwester meiner Nonna, ihrem Mann Emilio und ihren beiden Töchtern, Anna und Maria-Grazia, die damals beide schon fast erwachsen waren. Sie lebten zusammen in dem Haus, das Nonno einst selbst für seine Familie gebaut hatte.

Der Weg in die Berge führte uns über den Colle di Melogno, einen Gebirgspass auf über tausend Metern Höhe. Im Frühjahr lag dort oben manchmal noch Schnee, während man an der Küste schon am Strand spielen konnte. Oft wurde einem von uns auf der Fahrt schlecht, denn die Strecke war extrem kurvenreich. In Calizzano war die Luft frisch und kühl, und es duftete nach Wald. Der kleine Schotterweg gleich rechts am Dorfeingang führte uns zu dem alten Bauernhaus, in dem meine Nonna geboren worden war. Umgeben von saftigen Wiesen stand es an einem steilen Hang, an den sich weiter oben ein Wald anschloss. In der Nähe des Hauses floss ein breiter Bach mit frischem, kalten Wasser, in dem man im Sommer baden konnte.

Kaum waren wir angekommen, sprang uns ein fröhlich bellender Hund entgegen. Rina stand winkend vor dem Haus, und Nonno mähte gerade mit einer Sense das hochgewachsene Gras der Wiese, auf der eine Reihe quietschgelber Küken ihrer Entenmama hinterherwatschelte. Wir wurden von allen Verwandten begrüßt und geküsst, danach erkundeten mein Bruder und ich den Bauernhof. Der Ziegenstall war dunkel und voller Fliegen. Wir sahen Nonno beim Melken der Tiere zu und durften uns auch selbst daran versuchen, was aber gar nicht so einfach war.

Maria-Grazia nahm mich auf ihrem motorino, einem knatternden Mofa, mit ins nahe Dorf. Ein wenig ängstlich, aber unendlich stolz klammerte ich mich an ihr fest; auf der Piazza angekommen, stellte sie mich dann ihren Freundinnen vor.

Hinter dem Haus gab es eine Schaukel, mit der man hoch in den Himmel fliegen konnte. Dort waren auch die Kaninchenställe. Jedesmal, wenn wir zu Besuch kamen, schlachtete Emilio am Tag vor unserer Ankunft ein Kaninchen, und Rina bereitete es zum Abendessen nach ligurischer Art zu: geschmort mit Rosmarin, Pinienkernen und den kleinen violettgrünen ligurischen Oliven, dazu gab es Artischockengemüse. Nonno, der die meiste Zeit neben dem Ofen saß und Pfeife rauchte, war damals schon über neunzig und fast zahnlos. Er aß selbstgemachte Tagliatelle mit einer Sauce, die Rina aus dem Bratensaft anrührte und in die sie die kleingehackte Kaninchenleber gab. Zum Nachtisch servierte uns Rina die beste Panna cotta von ganz Ligurien mit einer Sauce aus wilden Himbeeren, die an den Hecken am nahen Waldrand wuchsen. Zum Abendessen kamen auch die Verwandten, die in den umliegenden Häusern wohnten. Wir aßen an einem langen Tisch in der engen Küche oder, wenn es warm war, draußen unter dem Kirschbaum vorm Haus. Es wurde laut erzählt, gelacht und über die beste Zubereitung des Kaninchens gestritten. Obwohl ich damals nur ein paar Brocken Italienisch sprach, war ich glücklich, zu dieser großen, lauten Familie zu gehören.

CONIGLIO CON CARCIOFI

KANINCHEN MIT ARTISCHOCKENGEMÜSE

Zutaten für 6 Personen:

Für das Fleisch
1 zerteiltes Kaninchen
Olivenöl
50 g Butter
1 Handvoll Pinienkerne (am besten aus dem Reformhaus!)
1 kleine Zwiebel
frischer Rosmarin
frischer Thymian
$^1/_4$ l Weißwein
schwarze ligurische Oliven
Lorbeerblätter
Salz

Für das Artischockengemüse
12 Artischocken (am besten die mit den Stacheln aus Ligurien)
Saft von 2 Zitronen
frische glatte Petersilie
Olivenöl
Salz

◆ **Für das Fleisch** das kleingeschnittene Kaninchen (die Kaninchenleber noch nicht!) in einem zugedeckten Topf ohne Wasser oder Öl bei niedriger Hitze etwas kochen, damit das Wasser entweicht. So verliert das Fleisch den starken Wildgeschmack. Das ausgekochte Wasser abgießen.

◆ Olivenöl und Butter in den Topf geben, salzen und das Fleisch bei etwas stärkerer Hitze anbräunen. Danach die Kaninchenleber hinzufügen (sonst würde sie kaputtgehen), die Hitze reduzieren und den Topf mit einem Deckel schließen.

◆ Pinienkerne, Zwiebel, Rosmarin und Thymian ganz fein hacken.

◆ Wenn das Fleisch außen goldbraun ist, die gehackten Kräuter dazugeben und einen Moment mit anbraten.

◆ Weißwein unterrühren, Oliven und Lorbeerblätter dazugeben und bei niedriger Hitze mit geschlossenem Deckel etwa 1 Std. köcheln lassen. Zwischendurch immer wieder umrühren und prüfen, ob das Fleisch genügend Flüssigkeit zum Kochen hat, evtl. noch etwas Wasser zufügen.

◆ **Für das Artischockengemüse** die holzigen äußeren Artischockenblätter entfernen, bis nur noch die hellgrünen, zarten Schichten übrigbleiben. Die Spitze der Artischocke abschneiden, den Stängelansatz abschälen und die Artischocke der Länge nach vierteln. Das faserige »Heu« aus dem Innern entfernen und die Stücke in eine Schüssel mit Wasser und Zitronensaft geben, damit sie sich nicht verfärben.

◆ Artischockenstücke und kleingehackte Petersilie in einer Pfanne mit Olivenöl kurz anbraten, salzen und mit ein wenig Wasser ablöschen. Etwa 20–30 Min. bei niedriger Hitze dünsten, bis die Artischocken schön zart sind. Das Kaninchen mit dem Artischockengemüse sofort servieren.

Tipp

Am wichtigsten ist die Qualität des Kaninchens. Man sollte es bei einem Schlachter kaufen, von dem man weiß, woher er seine Tiere bezieht. Vom ihm kann man sich das Kaninchen auch fachgerecht zerteilen lassen.

Variation

Tagliatelle con fegato: Wenn man die kleingehackte Kaninchenleber mit der Bratensauce vermengt, ergibt das eine köstliche Sauce für Tagliatelle.

PANNA COTTA CON LAMPONI

SAHNEPUDDING MIT HIMBEERSAUCE

Zutaten für 4 Portionen:

Für die Panna cotta
3/4 l Sahne
3 EL Zucker
1 Zimtstange
Zitronenschale
65 g Speisestärke
etwas Butter

Für die Himbeersauce
300 g Himbeeren
3 EL Puderzucker
etwas Himbeerlikör
frische Minze

- **Für die Panna cotta** die Sahne mit dem Zucker in einem Topf verrühren, Zimtstange und ein Stück Zitronenschale dazugeben. Langsam erhitzen und 5–10 Min. ohne Deckel köcheln lassen, damit etwas Flüssigkeit verdampft.
- Sahne durch ein Sieb filtern und nach und nach die Speisestärke unter ständigem Rühren darin auflösen.
- In sehr dünn mit Butter ausgestrichene Förmchen füllen (man kann dafür z. B. Tassen oder Schälchen nehmen) und etwas abkühlen lassen. Dann in den Kühlschrank stellen und in 3–4 Std. fest werden lassen.
- **Für die Himbeersauce** die Früchte mit dem Puderzucker und etwas Himbeerlikör in einem Mixer pürieren.
- Panna cotta aus den Förmchen stürzen, mit der Himbeersauce anrichten, mit Minzblättchen verzieren und servieren.

le meringhe
il biscotto
il primo in cucina
la brioche
la torta semplice
misura: 1 vasetto di yoghurt à 125 g
2 yoghurt naturale int.
4 farina
2 zucchero
1 olio di girasole
3 uova
1 bustina di lievito
250 g zucchero
4 tuorli d'uovo
1 buccia di limone
carteras - sachets - bags - Beutel
4

1143

1 kg Mehl und je nach Größe ca. 8 Eier, etwas Salz, kräftig kneten.

GUSTO MENTA
la prossima volta fai
qualcosa di più corto
da mangiare ...!

la ragazza
l'amante
la moglie
la madre
la donna
la casa linga
la bambina

Maria
la bella
la brava
l'amica
la schia va

LE STELLE
DIE STERNE

Nonna Ich glaube nur an die Dinge, die ich sehen und in den Händen halten kann. Ich glaube nicht an Gott, und noch weniger glaube ich an Wahrsagerei. Die einzige Ausnahme sind Sternzeichen, ja an Sternzeichen, ich weiß nicht, woher das kommt, aber da ist was dran. Ich bin Jungfrau, ein gutes Sternzeichen. Wenn jemand anders Jungfrau ist, merke ich das sofort. Skorpion dagegen ist ein fürchterliches Sternzeichen. Dein Vater ist ja Skorpion – na ja, siehst du ja. Berto ist Fisch, auch nicht besser. Fische sind auch etwas komisch. Aber Jungfrau ist ein schönes Sternzeichen. Deine Tochter Emilia ist ja auch im September geboren und Sternzeichen Jungfrau, da hast du wirklich Glück gehabt!

Ich war schon als Kind ordentlich und liebte es, aufzuräumen und sauberzumachen, obwohl mir das niemand gezeigt hatte. Wir lebten in einem einfachen Bauernhaus. In der Küche war die Decke vom Holzofen ganz schwarz, und das Spülbecken war aus grauem Zement. Das fand ich hässlich! Ich wünschte mir weiße Wände und ein Spülbecken aus Marmor, wie ich es im Haus einer Schulfreundin gesehen hatte. Wenn ich abends ins Bett ging und in unserem Schlafzimmer komplettes Durcheinander herrschte, machte ich ganz schnell die Augen zu, damit ich das nicht sehen musste. Unsere Kleider wurden in einer Holztruhe aufbewahrt, einen Schrank hatten wir nicht. Ich räumte diese Truhe immer selbst auf und legte die wenigen, überall geflickten Kleider ordentlich zusammen.

Ich hatte immer große Angst, dass meinen Eltern etwas passieren könnte. In der Nähe unseres Hauses gab es einen Brunnen, der sehr tief war. Wenn meine Mutter dort hinging, um Wasser zu holen, kam ich mit und passte auf, dass sie nicht in den Brunnen fiel. Während meine Mutter den Eimer in den Brunnen hinabließ und mit Wasser gefüllt wieder hochzog, hielt ich sie mit zwei Fingern an ihrem Kleid fest, nur ganz leicht, damit sie es nicht

merkte. Ich dachte, so könnte ich sie vielleicht festhalten, falls sie das Gleichgewicht verliert.
Jeden Abend um sechs läuteten die Glocken, und jedesmal wieder fand ich das unheimlich, denn ich stellte mir vor, dass es auch Totenglocken sein könnten und es bedeuten würde, dass mein Vater gestorben ist. Wenn mein Vater von seiner Arbeit im Wald oder auf den Feldern nicht pünktlich heimkam, machte ich mir große Sorgen und wartete mit klopfendem Herzen vor unserem Haus auf ihn. Doch sobald ich unseren Hund sehen konnte, war ich beruhigt, denn er lief immer voraus, und da wusste ich, dass mein Vater auch bald kommen würde. Ich rannte ihm freudig entgegen, und er nahm mich in seine Arme. Mein Vater war ein wundervoller Mensch. Er war so lieb und immer freundlich zu allen.
Zu Hause duftete es dann schon herrlich, denn meine Mutter hatte Farinata gebacken, einen dünnen Fladen aus Kichererbsenmehl, den man am besten im Holzofen backt, weil er dort das typische Aroma erhält. Es ist ein ganz einfaches ligurisches Gericht, das meine Mutter oft für uns zubereitete. Am besten schmeckt die noch warme Farinata zusammen mit Salat. In Ligurien gibt es mehrere Gerichte mit Kichererbsen, zum Beispiel auch den Zemin, eine Kichererbsensuppe, die meine Mutter im Winter oft für uns kochte. Ein deftiges Gericht für kalte Tage ist auch Pasta e fagioli, eine dicke Bohnensuppe mit Nudeln und Speck.

FARINATA

KICHERERBSENFLADEN

Zutaten für ein Blech:
300 g Kichererbsenmehl
1 Liter Wasser
100 ml Olivenöl
frischer Rosmarin
Salz

- Kichererbsenmehl mit etwas Salz vermengen, nach und nach das Wasser zufügen und vorsichtig verrühren, damit sich keine Klümpchen bilden. Den Teig mind. einen halben Tag lang stehen lassen (am besten frühmorgens ansetzen, dann kann man die Farinata abends zubereiten), zwischendurch immer wieder umrühren, da das Mehl sich am Grund absetzt.
- Vor dem Zubereiten das Olivenöl und den Rosmarin dazugeben, vermischen, dann den Teig auf ein großes Blech geben (die speziellen Farinatableche sind rund). Der Teig ist sehr flüssig und muss etwa 1 cm dick sein.
- Im vorgeheizten Backofen bei 250 °C etwa 30 Min. backen, bis sich an der Oberfläche eine goldbraune Kruste bildet. Am besten noch warm zusammen mit einem gemischten Salat servieren.

Tipp

Die Farinata ist ein typisch ligurisches Gericht, das es in allen Bäckereien frisch zu kaufen gibt. Am besten schmeckt die Farinata natürlich, wenn sie in einem richtigen Holzofen gebacken wird!

ZEMIN

KICHERERBSENSUPPE

Zutaten für 4–6 Personen:
300 g Kichererbsen
1 große Zwiebel
1 Karotte
1 Staudensellerie
500 g Schweinerippchen
1 Glas Olivenöl
1 Bund frische Kräuter
4 mittelgroße Kartoffeln
1 Lorbeerblatt
Salz
geröstete Brotscheiben

- Kichererbsen mind. 24 Std. lang in Wasser einweichen.
- Zwiebel, Karotte und Sellerie kleinschneiden und in einem großen Topf in Olivenöl kurz anbraten, danach etwa 3 l Wasser, die Kichererbsen, die kleingeschnittenen Schweinerippchen und Salz zufügen. Zuletzt die nicht zu feingehackten Kräuter, die in kleine Stücke geschnittenen Kartoffeln und das Lorbeerblatt dazugeben.
- Etwa 2 Std. kochen lassen, bis die Kichererbsen weich sind und die Suppe ziemlich dickflüssig ist.
- Die Suppe mit Salz abschmecken und nach Belieben mit etwas Olivenöl und geriebenem Parmesan verfeinern. Mit gerösteten Brotscheiben servieren.

Für Vegetarier

Die Schweinerippchen gehören zum Originalrezept, die Suppe schmeckt aber auch gut, wenn man die Rippchen einfach weglässt.

PASTA E FAGIOLI

BOHNENSUPPE MIT NUDELN

Zutaten für 6 Personen:
1,5 kg Borlotti-Bohnen
200 g fetter Speck
3 mittelgroße Zwiebeln
6 Knoblauchzehen
1 kleine Karotte
1 Staudensellerie
1 Peperoni
frischer Rosmarin
Olivenöl
200 g Bandnudeln
Salz, Pfeffer

- Borlotti-Bohnen über Nacht in lauwarmem Wasser einweichen und dann in 2,5 l Wasser weich kochen.
- Speck durch einen Fleischwolf passieren. Zwiebeln, Knoblauchzehen, Karotte, Staudensellerie, Peperoni und Rosmarin feinhacken und alles zusammen mit dem Speck in einem großen Topf mit reichlich Olivenöl langsam anbraten; darauf achten, dass es nicht zu braun wird.
- Ein Drittel der gekochten Bohnen passieren und wieder in den Topf mit den ganzen Bohnen geben. Das gebratene Gemüse mit dem Speck zufügen und alles zusammen so lange kochen, bis eine dickflüssige Konsistenz entsteht.
- Während der letzten 10 Min. die in kleine Stücke gebrochenen Bandnudeln mit in die Suppe geben und mitkochen, bis sie weich sind. Mit Salz und Pfeffer abschmecken.
- Vor dem Servieren mit etwas frischem Olivenöl beträufeln und mit frisch gemahlenem schwarzen Pfeffer bestreuen.

Milano
Centrale
15 45
17 45
18 50

VERDE X LE GALLINE

Il ristorante della mia nonna negli anni 60 a Finale Ligure.

IL DELFINO

La nonna fa la pasta

ERITE AGRUMI DELL'ETNA
Special Mundial Extra
Contadina dell'Etna
Ortofrutticola BIANCAVILLESE S.R.L.
BIANCAVILLA (CT)
BIANCAVILLA
TEL. 095/981142

L'ESTATE
DER SOMMER

Larissa Nachdem mein Vater wieder zurück nach Italien gegangen war, arbeitete er als Kellner in der Osteria della Briga, einem rustikalen Restaurant im bergigen Hinterland von Finale Ligure. Noch bis vor wenigen Jahren kochte hier auch meine Nonna, und Maurizio war der Mann am Holzgrill.

Die Briga befand sich in einem kleinen, alten, mit Efeu bewachsenen Bauernhaus, das inmitten von Wiesen mit grasenden Schafen lag. Hinter dem Haus schloss sich ein kleiner Pinienwald an. Es war einfach eingerichtet, die Gäste saßen an Holztischen, auf die rotweiß-karierte Papiertischdecken gelegt wurden, und im Winter bollerte in der Ecke ein kleiner Holzofen. Im Sommer aß man draußen vor dem Haus auf dem kleinen Vorplatz mit dem grün bewachsenen Dach. Als Spezialität gab es Fleisch vom Grill, das Maurizio perfekt zubereitete. Alles andere, die Antipasti, die Primi piatti, wie zum Beispiel Ravioli mit Ricotta-Spinat-Füllung, und die Dolci, die Süßspeisen, machte meine Nonna. Tagsüber mähte mein Vater den Rasen und erledigte kleinere Reparaturen am Haus, während aus einem kleinen Kassettenrecorder Musik von Fabrizio de André tönte, zu der er laut mitsang. Maurizio hackte Holz, bereitete seine Fleischspieße vor und grillte für die Peperonata roten Paprika im Holzofen – so erhält die Peperonata ihr rauchiges Aroma.

Während meines Studiums verbrachte ich fast alle meine Semesterferien dort. Ich schlief auf einem Klappbett im Wintergarten in der Wohnung meiner Nonna und fuhr morgens nach einem Bad im Meer mit der Vespa die Serpentinen hinauf zur Briga, wo die Luft im Sommer angenehm frisch ist. Ich half Nonna in der Küche, hängte die frisch gewaschenen Geschirrhandtücher und Putzlappen zum Trocknen auf die zwischen zwei Bäumen gespannte Wäscheleine oder pflückte in dem kleinen Gemüsegarten

Kräuter, die Nonna zum Kochen brauchte. In der Vorratskammer, wo Salamiketten und Knoblauchzöpfe von der Decke hingen, und wo es so gut duftete, dass unmittelbar bei Betreten des Raumes mein Magen zu knurren anfing, stand auch eine riesige alte Nudelmaschine aus Gusseisen. Dort machten wir zusammen frische Pasta: große Teigblätter für Lasagne und Ravioli, breite Tagliatelle und schmale eckige Spaghetti, die Nonna zu runden Nestern schlang und zum Trocknen auf einem Küchenhandtuch ausbreitete.

Ich setzte mich mit Nonna hinter das Haus an den langen Tisch mit der geblümten Wachstuchtischdecke, um Kartoffeln zu schälen, Gemüse zu putzen und Bohnen zu schnippeln. Sie war mit ihren kleinen und flinken Händen mindestens doppelt so schnell wie ich und philosophierte bei der Arbeit über das Kochen und Essen. Meine Nonna kann stundenlang darüber reden, wie ein Gericht am besten zubereitet wird und worauf man bei den Zutaten achten muss.

Die Briga war Nonnas Zuhause. Hier fühlte sie sich wohl, mitten in der Natur, zwischen Menschen, die für sie fast so etwas wie eine Familie waren. Mittags saßen wir alle zusammen an einem der Holztische vor dem Haus. Nonna stellte einen großen Topf dampfender Pasta auf den Tisch, und als zweiten Gang gab es marinierte Sardinen mit einem Salat. All das genossen wir zusammen mit viel gutem Hauswein. Nach dem Essen waren wir meist so müde, dass wir im Schatten der Bäume eine kleine Siesta hielten.

Obwohl viel gearbeitet wurde, gab es zwischendurch immer mal wieder eine Pause. Wenn ein Lieferant Ware brachte oder ein Bauer aus der Nachbarschaft auf seinem Pferd angeritten kam, fand sich immer Zeit für einen caffè oder einen Grappa al latte und eine ausgedehnte Unterhaltung.

RAVIOLI CON RICOTTA E SPINACI

RAVIOLI MIT RICOTTA-SPINAT-FÜLLUNG

Zutaten für 6–8 Personen:

Für den Pastateig

siehe Grundrezept Seite 106

Für die Füllung

1 kg Blattspinat
1 Schalotte
Olivenöl
3 Eier
200 g Ricotta
Thymian
Salz
evtl. Semmelbrösel

- **Für die Ravioli** den Pastateig etwas feuchter machen, sonst kleben die beiden Schichten nicht aneinander. Zu den 500 g Mehl also zusätzlich noch 1–2 Eierschalen voll Wasser geben. Teigbahnen machen, die etwas größer als eine Ravioliform sind.
- **Für die Füllung** den Spinat waschen und putzen und in einem Topf mit etwas Wasser und Salz erhitzen und zusammenfallen lassen. Dann abgießen und fest ausdrücken, so dass der Spinat so trocken wie möglich wird.
- Die grobgeschnittene Schalotte in Olivenöl anbraten, Spinat dazugeben und kurz dünsten. Dann kleinhacken, mit den Eiern, Ricotta und etwas Thymian vermischen und mit Salz abschmecken. Evtl. noch Semmelbrösel unterrühren, denn die Konsistenz der Füllung muss eher trocken sein.
- Die Teigbahnen in eine bemehlte Ravioliform legen. In die einzelnen Vertiefungen Spinatfüllung geben und mit einer zweiten Teigschicht bedecken. Mit einem kleinen Nudelholz darüberrollen und dann die Ravioliform umdrehen. Sollten die Ravioli zum Teil noch aneinanderhängen, noch mal mit einem Rädchen zwischen den Ravioli entlangrollen. Auf ein bemehltes Brett geben, die Ravioli nicht direkt aufeinanderlegen, sondern die einzelnen Schichten mit Backpapier voneinander trennen.
- Ravioli in köchelndes Salzwasser geben, wenn sie oben schwimmen 3–4 Min. ziehen lassen. Die gut abgetropften Ravioli mit zerlassener Butter beträufeln und vor dem Servieren mit Parmesan bestreuen.

Tipps

Ravioli kann man natürlich auch ohne Ravioliform machen. Dazu den Teig halbieren, beide Stücke auf einer bemehlten Arbeitsfläche dünn ausrollen und mit einem Teigrädchen in 5 cm breite Streifen schneiden. Auf die Hälfte der Streifen im Abstand von etwa 3 cm kleine Portionen der Füllung mit einem Teelöffel verteilen. Die übrigen Streifen darüberlegen und Ravioli ausschneiden, so dass kleine Quadrate entstehen. Ränder leicht andrücken. Wer die Ravioli noch am selben oder nächsten Tag essen will, sollte sie im Kühlschrank aufbewahren, sonst weicht die Füllung den Teig durch. Um die Ravioli länger aufzuheben, gibt man sie zunächst auf dem Brett ins Gefrierfach. Wenn sie festgefroren sind, kann man sie in Plastikbeutel umfüllen.

SARDINE IN CARPIONE

MARINIERTE SARDINEN

Zutaten für 4 Personen:

500 g frische Sardinen
Mehl
Olivenöl
2 Schalotten
Lorbeerblatt
frischer Majoran
frischer Rosmarin
frischer Schnittlauch
frischer Dill
1 Knoblauchzehe
Weißweinessig
Salz

- Sardinen ausnehmen, gut waschen und die Köpfe abschneiden. In Mehl wenden und in einer Pfanne in Olivenöl von beiden Seiten braten. Dann in eine tiefe Schüssel füllen und abkühlen lassen.
- Schalotten kleinschneiden und mit den gehackten Kräutern und dem in feine Scheiben geschnittenen Knoblauch darübergeben.
- Mit Weißweinessig auffüllen, bis die Fische bedeckt sind. Mind. 1–2 Std. zugedeckt durchziehen lassen und dann als Vorspeise servieren.

Tipp

Hält sich im Kühlschrank bis zu einer Woche.

GRAPPA AL LATTE

MILCHGRAPPA

Zutaten für etwa 1 Liter:

1 unbehandelte Zitrone
500 ml Milch
500 ml Grappa
1 kg Zucker
1 Vanilleschote

- Zitronenschale dünn abschälen (nur den äußeren gelben Rand der Schale, nicht das Weiße) und in kleine Stücke schneiden.
- Milch, Grappa, Zucker, Zitronenschale und das ausgekratzte Mark der Vanilleschote in ein großes Gefäß füllen und einige Min. kräftig umrühren.
- Das Gefäß gut verschließen und etwa 2 Wochen lang ruhen lassen; die Mischung jeden Tag ein paar Min. umrühren. Es ist ganz normal, dass die Milch ausflockt.
- Nach 2 Wochen die Flüssigkeit durch eine dünne Stoffgaze filtern und in Flaschen füllen. Zum Trinken sollte der Milchgrappa Zimmertemperatur haben.

Tipp

Milchgrappa trinkt man aus Grappagläsern oder fingerbreit gefüllten Wassergläsern als Digestif oder zum Kaffee. Salute!

10 der Wasserkessel
11 die Flöte

pfff
3

DOPPIO CONCENTRATO DI POMODORO
DOPPIO CONCENTRATO DI POMODORO
DOPPIO CONCENTRATO DI POMODORO
MARCA ALPINO
MARCA ALPINO
DOUBLE CONCENTRE DE TOMAT
28% - COMPOSANTS: TOMATES,
FABRIQUE EN ITALIE PAR
RODOLFI MANSUETO S.P.A
SIEGE ET ETABLISSEMEN
STRADA QUALATICO, 14
OZZANO TARO - PARMA
IMPORTE D'ITALIE
OZZANO TARO - PARMA
INGREDIENTI: POMODORO,
SALE .
ODOTTO E CONFEZIONATO
IN ITALIA DALLA
DOLFI MANSUETO S.P.A.
SEDE E STABILIMENTO
STRADA QUALATICO, 14
OZZANO TARO - PARMA

LE POSATE
coltello
forchetta
cucchiaio
★ 1 ★ 2 ★ 3 ★

A•01

PESTO
ViBo
linea grafica
MINI-DIAGRAPH

LA CUCINA
DIE KÜCHE

Nonna Ganz typisch für die ligurische Küche ist der Pesto, man kann eigentlich sagen, das ist unsere Nationalspeise. Es besteht aus Zutaten, die hier bei uns wachsen und die früher nichts kosteten, ein Arme-Leute-Essen. Pesto kommt von pestare, zerstoßen, denn früher wurden die Zutaten mit einem Marmormörser zerkleinert, während man sie heute meist mit dem Mixer püriert. Das geht natürlich viel schneller, und in einem Restaurant wäre es viel zuviel Arbeit, alles von Hand zu machen. Aber wer sich die Mühe macht, die Zutaten mit einem Mörser zu zerkleinern, wird mit einem noch feiner schmeckenden Pesto belohnt. Doch das Allerwichtigste beim Pesto sind Qualität und Frische der Zutaten. Man muss unbedingt junges, hellgrünes Basilikum mit kleinen Blättern verwenden, wie es bei uns in Ligurien wächst. Nicht das dunkelgrüne mit den großen Blättern, das schmeckt bitter. Bei euch in Deutschland, gibt es da überhaupt frisches Basilikum? Und die Pinienkerne dürfen nicht ranzig schmecken – pfui! Die aus dem Supermarkt sind meistens furchtbar, gute Pinienkerne bekommt man nur schwer.

Olivenöl ist die Grundlage unserer Küche, und es ist sehr wichtig, ein Olivenöl von hoher Qualität zu benutzen, nämlich natives Olivenöl extra, aus der ersten Pressung, das nur wenig Ölsäure enthält. Ligurisches Olivenöl ist für meinen Geschmack das beste, aber das behaupten ja viele von dem Olivenöl ihrer Region. Nur, bei unserem stimmt es eben, unseres ist wirklich das beste! Es ist sanft und weich und schmeckt besonders aromatisch. Vielleicht liegt das daran, dass die Olivenbäume auf den steil abfallenden, aus Natursteinmauern gebauten Terrassen über dem Meer wachsen, wo sie das ganze Jahr von der salzigen Meeresluft umweht werden. Die Olivenernte zwischen Anfang November und Mitte Dezember wird auch heute meist noch von Hand erledigt.

Die Gerichte der ligurischen Küche bestehen vor allem aus Gemüse und würzigen Kräutern, die an unseren sonnigen Hängen wachsen, aus Pilzen und natürlich aus Meerestieren, denn wir Ligurer sind ein altes Volk von Fischern und Seefahrern. Die ligurische Küche wird auch cucina del ritorno, Küche der Rückkehr, genannt, denn nach langen Monaten auf dem Meer freuten sich die Männer bei ihrer Heimkehr nicht nur auf ihre Frauen, sondern auch auf das köstlich würzige Essen unserer Region, das diese für sie zubereiteten.
Ein typisch ligurisches Gericht ist der Cappon magro, der magere Masthahn. Der Name ist ja schon ein Widerspruch in sich und außerdem ist der Cappon magro kein Fleisch- sondern ein Fischgericht. Ursprünglich war das ein Festtagsgericht der armen Fischer, die sich einen echten Kapaun nicht leisten konnten. Es ist aufwendig zuzubereiten – inzwischen macht man den Cappon magro bei uns vor allem zu Silvester und bei Hochzeiten – und es gibt dafür bestimmt so viele Rezepte wie es Frauen in Ligurien gibt. Die Fischgerichte stammen alle von der Küste. Bei uns in den Bergen gab es früher eigentlich nie Fisch, und auch Fleisch gab es nur in kleinen Mengen.
Typisch für unsere Küche ist es auch, Nudeln mit Kartoffeln zu essen, denn wir behandeln die Kartoffel eher wie ein Gemüse. Wir schneiden Kartoffeln und Bohnen in die Nudeln mit Pesto, und es gibt bei uns sogar Pizza mit Kartoffelbelag. Aber die Kartoffel ist wohl eines der Dinge, die es bei euch in Deutschland in besserer Qualität gibt, eure Kartoffeln sind einfach die besten! Ich mag Kartoffeln gern. Sehr lecker schmeckt ein warmer Salat mit grünen Bohnen, Kartoffeln und Zwiebeln oder auch der Kartoffelsalat mit Mayonnaise und roten Zwiebeln.

PASTA AL PESTO
CON PATATE E FAGIOLINI

PESTONUDELN
MIT KARTOFFELN UND BOHNEN

Zutaten für 1 Glas Pesto:
5 Bund junges frisches Basilikum
1 Handvoll Pinienkerne (am besten aus dem Reformhaus!)
2 Knoblauchzehen
50 g Butter
100 ml Olivenöl
Salz

Zutaten für 4–6 Personen:
2–3 größere Kartoffeln
200 g grüne Bohnen
400 g Pasta (Trenette)
Salz

- **Für den Pesto** das Basilikum waschen und die Blätter von den Stielen zupfen.
- Mit den Pinienkernen, Knoblauchzehen, Butter, Olivenöl und etwas Salz im Mixer pürieren – fertig!
- **Für die Pasta** die geschälten Kartoffeln in kleine Stücke schneiden und mit den geputzten grünen Bohnen in einen großen Topf mit kochendem Salzwasser geben. Etwa 15 Min. kochen, dann die Nudeln dazugeben.
- Vor dem Abgießen etwas Nudelwasser abschöpfen und damit 6–8 EL Pesto verdünnen.
- Die Nudeln und das Gemüse abgießen, mit der Pestosauce vermischen und mit geriebenem Parmesan bestreuen. Sofort servieren.

Tipps

Pesto hält sich im Kühlschrank einige Wochen, wenn man darauf achtet, dass es immer von Olivenöl bedeckt ist. Für die Minestrone (siehe Seite 208) kann man den frischgemachten Pesto in Eiswürfelbehälter füllen und einfrieren. So hat man ihn immer portionsweise vorrätig.

INSALATA DI PATATE E FAGIOLINI

KARTOFFEL-BOHNEN-SALAT

Zutaten für 4 Personen:
500 g grüne Bohnen
1 kg Kartoffeln
1 weiße Zwiebel oder 1 Schalotte
Olivenöl
Salz

- Die Bohnen in der Mitte durchbrechen und zusammen mit den geschälten und kleingeschnittenen Kartoffeln in Salzwasser knapp 30 Min. kochen.
- Eine weiße Zwiebel oder eine Schalotte in grobe Stücke schneiden und in eine Schüssel geben.
- Kartoffeln und Bohnen abgießen und heiß darübergeben, dadurch werden die Zwiebeln kurz gedämpft. Salzen und Olivenöl zufügen.
- Am besten warm oder lauwarm servieren.

CAPPON MAGRO

FISCHSALAT

Zutaten für 12 Personen:

300 g ungesüßter Zwieback
4 Knoblauchzehen
reichlich Weißweinessig
1 Blumenkohl
300 g grüne Bohnen
1 Staudensellerie
2 Karotten
2 Knollen Rote Bete
200 g Kartoffeln
2 Bund Schwarzwurzel
reichlich Olivenöl
1 frischer Seehecht (etwa 1 kg, küchenfertig)
Zitrone
1 Languste (500 g)
8 eingelegte Sardellenfilets
1 Bund Petersilie
75 g Pinienkerne (am besten aus dem Reformhaus!)
50 g Kapern
3 Eigelb von hartgekochten Eiern
1/2 trockenes Brötchen
etwa 30 schwarze Oliven
6 Artischocken
3 Dutzend ungepellte Riesengarnelen
8 gekochte Eier
2 Dutzend Austern
20 in Öl eingelegte Pilze
Salz

- Den Zwieback mit 2 Knoblauchzehen abreiben, kurz in Wasser und etwas Weißweinessig tauchen und mit wenig Salz bestreuen.
- Blumenkohl, grüne Bohnen, Sellerie und Karotten in einem großen Topf gar kochen. In einem zweiten Topf die Roten Bete, die Kartoffeln und die Schwarzwurzeln garen. Das Gemüse abkühlen lassen und dann die Kartoffeln und die Roten Bete in Scheiben, das andere Gemüse in grobe Stücke schneiden. Mit etwas Essig, Olivenöl und Salz anmachen.
- Seehecht in wenig Salzwasser 15–20 Min. garen, entgräten, mit Olivenöl und Zitrone beträufeln und etwas salzen.
- Die Languste kochen, schälen, in kleine Stücke schneiden und wie den Fisch mit Zitrone, Olivenöl und Salz anmachen.
- 2 Sardellenfilets, Petersilie, den übrigen Knoblauch, Pinienkerne, die Hälfte der Kapern, die 3 Eigelb, ein halbes in Weißweinessig kurz eingeweichtes und dann ausgedrücktes trockenes Brötchen und 8 Oliven ganz fein hacken oder pürieren. Dann etwa $^1/_2$ Glas Essig und 1 Glas Olivenöl unter die Mischung rühren, so dass eine Sauce entsteht.
- Von den Artischocken die holzigen äußeren Blätter entfernen, bis nur noch die hellgrünen, zarten Schichten übrig bleiben. Die Spitze der Artischocken abschneiden, den Stängelansatz abschälen und die Artischocken der Länge nach halbieren. Das faserige »Heu« aus dem Innern entfernen, die Artischocken in Scheiben schneiden und gar kochen.
- Die Riesengarnelen in einer Pfanne mit wenig Olivenöl etwas anbraten.
- Eier hart kochen, abkühlen lassen und vierteln.
- Den eingeweichten Zwieback in eine große tiefe Schüssel legen, mit wenig Olivenöl beträufeln und etwas Sauce darauf verteilen. Dann abwechselnd die anderen Zutaten, also das angemachte Gemüse, die Artischockenscheiben, die geviertelten Eier, die eingelegten Pilze, die übrigen Kapern, 6 in Stücke geschnittene Sardellenfilets, daraufschichten und über die einzelnen Schichten immer wieder Sauce geben (ein wenig davon bis zum Schluss aufbewahren). Den Fisch und die Languste erst ab der oberen Hälfte mit in den Salat schichten.
- Wenn alles fertig geschichtet ist, die restliche Sauce darübergeben, den Salat mit den Riesengarnelen, den von der Schale gelösten Austern und den auf Zahnstochern aufgespießten restlichen Oliven garnieren und servieren.

INSALATA DI PATATE

ITALIENISCHER KARTOFFELSALAT

Zutaten für 4 Personen:

Für den Salat
1 kg festkochende Kartoffeln
2 rote Zwiebeln
Rotweinessig
Salz

Für die Sauce
1 Ei
neutrales Speiseöl,
z. B. Sonnenblumenöl

- **Für den Salat** die ungeschälten Kartoffeln kochen, dann pellen und in grobe Stücke schneiden.
- Zwiebeln in Ringe schneiden und zu den Kartoffeln geben. Salzen, mit Rotweinessig anmachen und mind. 4 Std. durchziehen lassen.
- **Für die Sauce** das Ei in eine Schüssel geben. Mit dem Rührgerät auf niedrigster Stufe schlagen und dabei langsam das Öl unterrühren, bis die gewünschte Konsistenz erreicht ist.
- Erst 30 Min. vor dem Servieren die Sauce unterziehen.

Tipps

Das Ei und das Öl sollten etwa die gleiche Temperatur haben, denn so können sie sich besser zu einer homogenen, cremigen Masse verbinden. Auf keinen Fall Olivenöl verwenden, man würde es zu stark herausschmecken.

Variation

Maionese: Um aus der Sauce eine echte Mayonnaise zu machen, gibt man zu dem Ei einfach noch einen Spritzer Zitronensaft und schmeckt die Creme zum Schluss noch einmal mit Zitronensaft, etwas Weißweinessig und Salz ab. Delikat schmeckt die Mayonnaise zu Fischgerichten.

Vespa

COLORI
DIVERTIRSI
COOK BOOK
50 655 68
CartonPack

un martedì d'una
estate guastata
dalla pioggia
l'uomo aureo mi
disse:
" la grandiosità
della pittura è
d'avere i piedi
liberi, per ballare"
" per me potrebbe
nevicare tutta
l'estate..." gli risposi

moriamo per delle idee
va bé
ma di morte lenta
va bé ma di morte lenta

il coltello
la tavola
il bicchiere
TAVERNELLO

Früchte essen nicht vergessen

LA NOTTE
DIE NACHT

Larissa Massimo war der Chef der Briga. Kurz bevor das Restaurant abends öffnete, kam er mit seinem Motorrad angefahren. Er war ein recht schweigsamer Mensch. Am Abend stand er vor dem Haus, rauchte dicke Havannas, lächelte allen freundlich zu und kassierte das Geld. Im Sommer arbeiteten viele Studenten in der Briga, das Lokal war dann bis auf den letzten Platz gefüllt. Die Leute saßen auf dem überdachten Vorplatz, und die Kinder konnten auf der großen Wiese davor spielen.

Gegen Mitternacht oder noch später, nachdem die letzten Gäste gegangen waren und Massimo sich verabschiedet hatte, genossen wir die Ruhe, die nach dem lauten Abend wohltuend war. Man hörte nur das beständige Zirpen der Grillen, und die frische Sommernacht war erfüllt von einem Duft nach Holzfeuer, Pinien und Rosmarin. Aus dem Dunkeln blinkten unzählige Glühwürmchen.

Mein Vater – der den Sommer über meist in einem Wohnwagen hinter dem Haus wohnte, weil er dann seine Wohnung in Finale Ligure vermietete –, Maurizio und ich zelebrierten unser gemeinsames nächtliches Ritual: Wir teilten uns einen kleinen Joint und bekamen sogleich großen Appetit auf eine späte Mahlzeit. Dann gingen wir in die große duftende Vorratskammer, nahmen Brot, Tomaten und worauf wir sonst noch Lust hatten sowie eine Flasche Wein. Damit setzten wir uns in die Nische mit dem Holzofen vor dem Haus. Maurizio schnitt Weißbrotscheiben ab, die er auf das Gitter des Grills legte und in den noch heißen Ofen schob. Mit den gerösteten Brotscheiben machten wir entweder Bruschetta, oder wir aßen sie zu rohem Gemüse, das wir in eine Sauce aus Olivenöl, Balsamico-Essig, Salz und Pfeffer tunkten, was man Pinzimonio nennt. Gut schmeckt das zum Beispiel mit in Streifen geschnittenem Paprika, mit Karotten oder Selleriestangen, Artischockenscheiben, Radicchio- oder Chicoreeblättern.

Meistens konnten wir nicht widerstehen, von der Castellana, einer Art flachem Apfelauflauf, zu naschen. Oder wir probierten die leckere Crostata, einen Obstkuchen, der mit den zuckersüßen Feigen belegt war, die am Baum vor dem Haus wuchsen. Auch zusammen mit gutem Käse schmeckten die Feigen himmlisch.

Manchmal blieb auch Isameldin, ein Ägypter, der meiner Nonna in der Küche half, noch ein halbes Stündchen. Er passte immer höllisch auf, dass wir es vor allem mit dem Kuchen nicht übertrieben, dann knatterte er mit seinem Mofa Richtung Spotorno, wo er sein Gehalt in den Hinterzimmern der Bars verzockte. Manchmal kamen auch noch Freunde vorbei oder eine von Maurizios Verehrerinnen. Auch ich war hoffnungslos in Maurizios wasserblaue Augen verliebt, aber viel zu jung und zu schüchtern, um diesbezüglich auch nur die leiseste Andeutung zu machen. Er zeigte mir das Land meines Vaters, wir redeten nächtelang über das Leben, ich malte ihm Bilder, und er schnitzte mir einen Ring aus einem Pfirsichkern. Auf einsamen Feldwegen fuhr er mit mir zu versteckten Aussichtspunkten, von denen aus man auf das Meer blicken konnte, in dem sich der Vollmond silbern spiegelte.

Maurizio ist der unaufdringlichste Italiener, dem ich jemals begegnet bin. An all den romantischen Orten hat er mich leider nicht ein einziges Mal geküsst.

BRUSCHETTA

GERÖSTETE BROTSCHEIBEN

Zutaten für 4 Personen:

12 Scheiben Weißbrot
2 Knoblauchzehen
4 Tomaten
Oregano
etwas Olivenöl
Salz

- Brotscheiben im Backofen oder im Toaster rösten, bis sie goldbraun sind. Mit einer halbierten Knoblauchzehe gut abreiben.
- Tomaten in Scheiben schneiden und damit die Brotscheiben belegen.
- Oregano darüberstreuen, salzen, mit Olivenöl beträufeln und sofort servieren.

CASTELLANA

APFELNACHTISCH

Zutaten für eine Auflaufform:

1 kg säuerliche Äpfel (z. B. Elstar)
5 EL Zucker
1/2 l Milch
1 Zimtstange
1 EL Olivenöl
1 EL Butter
2 EL Mehl
1 Eigelb
50 g Amarettikekse
1 Handvoll Pinienkerne (am besten aus dem Reformhaus!)

- Die geschälten Äpfel in grobe Scheiben schneiden. In eine Auflaufform geben. $^1/_2$ Glas Wasser zufügen, mit 2 EL Zucker bestreuen und im Ofen bei 160 °C 40 Min. weich garen.
- Die Milch mit der Zimtstange zum Kochen bringen und 3 EL Zucker darin verrühren.
- Olivenöl, Butter und Mehl in einem Topf verrühren und bei niedriger Hitze schmelzen. Unter ständigem Rühren die Milch dazugeben, bis eine leichte Creme entsteht. Den Topf vom Herd nehmen und ein Eigelb unterrühren.
- Creme über die gekochten Äpfel verteilen und zerstoßene Amaretti-kekse und Pinienkerne darüber streuen. Im Ofen bei 150 °C noch einmal etwa 30 Min. backen. Abkühlen lassen und lauwarm servieren.

Tipp

Wichtig ist die Qualität der Amarettikekse: Am besten verwendet man die festen ohne Hagelzucker der Marke Sapori.

CROSTATA CON FICHI

FEIGENKUCHEN

Zutaten für 1 Springform (28 cm ø):

Für den Teig
300 g Mehl
150 g Zucker
150 g Butter
4 Eigelb
geriebene Zitronenschale

Für den Belag
10 reife Feigen
2 EL Zucker

- **Für den Teig** das Mehl mit dem Zucker vermischen. Butter in Flöckchen, Eigelbe und etwas abgeriebene Zitronenschale schnell unterkneten, so dass ein glatter, geschmeidiger Teig entsteht. Daraus einen Ball formen und im Kühlschrank mind. 1 Std. kalt stellen. Man kann die pasta frolla, also den Mürbeteig, auch 2–3 Tage im Kühlschrank aufbewahren.
- 2/3 des Teiges auf einer bemehlten Fläche etwa 8 mm dick ausrollen und den Boden einer mit Butter ausgestrichenen Springform damit auslegen, rundum etwa 5 cm Rand hochziehen.
- **Für den Belag** die Feigen vierteln und auf dem Boden verteilen. Zucker darüber streuen. Den übrigen Teig ausrollen, in schmale Streifen schneiden und damit ein Gittermuster über den Kuchen legen. Im vorgeheizten Backofen bei 150 °C etwa 40 Min. backen, abkühlen lassen und servieren.

Variationen

Man kann den Kuchen auch mit anderem Obst, z. B. mit Himbeeren, Aprikosen, Pfirsichen oder entkernten Weintrauben, belegen.

VANIGLINATO
la crostata

dolcenera
maria
Da: FINALE LIGURE MARINA
A: GENOVA BRIGNOLE
Via: SAVONA Km.FS 70+0 FC 0 - 0
Treni
Stazioni
Regionale 11271 Finale Ligure Marina
Genova Brignole
Servizi offerti:
Posti1a Posti2a Bici

der Fisch

jetzt ist er in unserem Bauch!

L'OCCHIO
DEL PESCE
PESCE

lui mi porta
a letto
caffè e
tapioca
IMPORTÉ D'ITALIE

PESCATORE

LA SPIAGGIA
DER STRAND

Larissa Es ist kurz vor neun am Morgen, und der kleine Ort Finale Ligure erwacht langsam zum Leben. Männer und Frauen schließen die schweren Metallläden vor ihren Geschäften auf und lassen sie mit lautem Krach nach oben schnappen. Vor den Bäckereien duftet es nach frisch gebackenem Brot. Ich kaufe ein Stück Focaccia und ungleichmäßig geformte Grissini, un etto, hundert Gramm, die die Verkäuferin in eine schmale Papiertüte füllt. Auf der Piazza stehen die Tische des Cafés schon in der Sonne. Milchschaum trocknet in den Cappuccinotassen. Ich laufe am Strand entlang. Meine nackten Füße hinterlassen Abdrücke im Sand, der von der nächsten Welle wieder glattgespült wird. Ich sammle rund geschliffene bunte Steine, Bruchstücke ausgedienter Fliesen, manche mit Mustern. Über mir eine Unendlichkeit leuchtenden Blaus. Die Sonne wärmt, erhellt, strahlt und schüttet ihr Licht über mich. Das Meer glitzert. Ich blinzle.

Am Strand liegen einfache kleine Holzboote, mit denen die Fischer nachts aufs Meer hinausrudern – dann sieht man ihre Lichter in der Dunkelheit schaukeln. Im Schatten zwischen den türkisblauen Booten haben sich Mütter mit ihrem Strickzeug niedergelassen, hin und wieder rufen sie ihren Kindern, die weiter vorne am Strand spielen, laute Ermahnungen zu. Am Nachmittag sitzen die Fischer hier bei ihren Booten und flicken die Netze. Die tiefen Falten in ihren dunklen, von der Sonne gegerbten Gesichtern erzählen von einem Leben mit vielen Sorgen und Mühen, aber auch von Freude und Zufriedenheit.

Jetzt am Morgen verkaufen die Fischer im Ort auf Holzkarren ihren Fang, der von einer blau-weiß-gestreiften Markise vor der Sonne geschützt wird. Fischgeruch zieht durch die Gassen, zusammen mit lauten Rufen: »Pesci! Pesci! Pesci freschi!« Es gibt bianchetti, winzige, gerade erst geschlüpfte Sardellen, höchstens ein bis zwei Zentimeter lang und ganz durchsichtig, bis auf zwei kleine schwarze Punkte, die Augen. In Ligurien werden aus ihnen oft Frittelle gemacht, in Öl frittierte Häppchen, ich aber mag sie am liebsten pur, einfach kurz in etwas Salzwasser gekocht. Ich kaufe ein paar triglie, Meerbarben, denn heute abend wollen wir zusammen mit Freunden kochen.

Als ich meine Nonna am frühen Abend abhole, hat sie sich schickgemacht. Wir fahren zu Ezio, einem Freund, der im Hinterland in einem einfachen alten Steinhaus mit orangenen Türen und Fensterläden wohnt. Ezio hat zwei Pferde, einen großen weißen Hund und eine strubbelige Katze. Im Haus duftet es nach Holz und Feuer. Meiner Nonna gefällt es hier, weil dieser Ort sie an ihr Elternhaus erinnert. Sie liebt das einfache Leben und ist nicht davon abzuhalten, in dem etwas verwilderten Gemüsegarten Unkraut zu rupfen. Sie pflückt Majoran und ein paar Tomaten für das Fischgericht, und in Ezios Küche fängt sie erstmal an, den Herd zu putzen. Sie findet sein Haus zwar einigermaßen sauber und aufgeräumt, aber, stellt sie fest, für die Details wie blinkende Herde haben Männer eben einfach keinen Sinn. Meine Nonna hat die Küche in Beschlag genommen, und die Meerbarben brutzeln in der frischen Tomatensauce auf dem Herd. Als Maurizio und die anderen Freunde kommen, wird Nonna von allen umarmt und geküsst. In Italien ist es viel üblicher, auch ältere Menschen mit dem Vornamen anzusprechen, selbst wenn man sie nicht so gut kennt. Meine Nonna ist für alle nur »Maria«.

Es ist noch warm draußen, und so decken wir eine lange Tafel auf der Terrasse vor dem Haus. Langsam dämmert es, wir sitzen beieinander, sehen auf das Meer, essen viel, trinken viel, reden, lachen, und meine Nonna, mit Abstand die älteste, ist mitten unter uns. Sie schäkert mit Giorgio, die beiden zwinkern sich zu und geben sich Luftküsse. »Maria! Quando ci sposiamo?«, »Wann heiraten wir, Maria?«. Giorgio könnte Nonnas Enkel sein. Eine ganze Weile später gehen wir alle glücklich und satt nach Hause. La vita è bella.

FOCACCIA

PIZZABROT

Zutaten für ein Blech:
1 kg Mehl
2 Würfel frische Hefe
1 Glas Weißwein
reichlich Olivenöl
feines und grobes Salz

- Mehl in eine große Schüssel geben und in die Mitte eine Mulde drücken. Hefe in einem Glas lauwarmen Wassers auflösen und in die Mulde gießen. Mit rund der Hälfte des Mehls vermengen und zugedeckt 4 Std. ruhen lassen.
- Den Weißwein, $^1/_2$ Glas Olivenöl und etwas feines Salz in die Mulde geben und alles gut miteinander verkneten. Je nach Bedarf noch etwas Wasser oder Mehl daruntermischen, so dass ein weicher Teig entsteht. Den Teig zugedeckt noch einmal 3–4 Std. ruhen lassen.
- Ein Backblech gut mit Olivenöl einfetten, den Teig auf dem Blech vorsichtig ausbreiten, und noch mal eine Weile auf dem Backblech gehen lassen. Dann mit dem Finger Löcher in den Teig bohren.
- Etwas Olivenöl und Wasser verrühren, über den Focacciateig streichen und grobes Salz darüberstreuen.
- Im vorgeheizten Backofen bei 250 °C gut $^1/_2$ Std. backen, abkühlen lassen und servieren.

Tipp

Die Focaccia ist ein leckerer Imbiss für zwischendurch.

Variationen

Gut schmeckt es auch, wenn man die Focaccia mit dem weichen Stracchino-Käse und Rosmarin, mit getrockneten gemischten Kräutern, mit Zwiebelringen oder mit Tomatenscheiben und Sardellen belegt.

BIANCHETTI

BREITLINGE

Zutaten für 4 Personen:
400 g Bianchetti
(frisch geschlüpfte Sardellen)
Zitrone
Olivenöl
Salz

- Bianchetti nur ganz kurz in leicht köchelndes Salzwasser geben, bis sie weiß geworden sind.
- Im Sieb abgießen und auf die Teller geben. Mit etwas Zitronensaft und Olivenöl beträufeln und mit Weißbrot servieren.

Variation

Lecker schmecken die Bianchetti auch als Frittelle ausgebacken (siehe Seite 32).

TRIGLIE ALLA LIVORNESE

MEERBARBEN MIT TOMATEN

Zutaten für 4 Personen:

4 Knoblauchzehen
1 Handvoll in Essig eingelegte Kapern
frischer Majoran
frische glatte Petersilie
1 kleine Zwiebel
Olivenöl
6 reife Tomaten
12 schwarze ligurische Oliven
1 Handvoll Pinienkerne (am besten aus dem Reformhaus!)
Peperoni
1 kg Meerbarben
Salz

- Knoblauchzehen, Kapern, Majoran, Petersilie und Zwiebel kleinhacken und mit Olivenöl in einer Pfanne anbraten.
- Tomaten mit kochendem Wasser überbrühen, häuten und kleinschneiden, mit den Oliven und den Pinienkernen in die Pfanne geben. Salzen und nach Geschmack noch Peperoni zufügen.
- Kochen lassen, bis die Tomaten ein wenig eingedickt sind. Dann die Meerbarben (gesäuberte, ausgenommene, ganze Fische) dazugeben und in der Tomatensauce etwa 20 Min. mitkochen, bis der Fisch gar ist.
- Mit Kartoffeln oder Weißbrot servieren.

mehl
FIDUCIA AGRUMI s.r.l.
PATERNO'
UCIA AGRUMI s.r.l.
PATERNO'
BROT
100
MERCATOR
KIMONO
FIDU

il cielo
il mare
la casa
il cavallo

alte klapprige Räder
Tabacchi Brioche
vor den Fenstern auf-
Straßen Gestank
Plastikspielsachen
Blumenschürzen
Akkordeon Piazza
Kopftücher Kirchen
orangene Busse
Strandbars Licht
Kindergeschrei
Sandburgen
adesso

duftende Backereien Fisch
Cappuccino Zeitungen
gehängte Wäsche Lastwagen
Eisdielen dicke Frauen
Spiritusgeruch Gitarren
Madonna Kreuze
Stimmen Karussell
Grissini Liebe
Duft nach
Holzfeuer
mangiamo
Liebe
Rotwein
Augen Frauen
Vespas
Sonnenbrille
Verkehr hupende Autos Durcheinander Geschrei
Restaurants Kellner Lachen Rufe Kinder Eis
Sonne Mittagspause Palmen Hitze Lärm
geschlossene Metallrollos Tellergeklapper
Pasta kühler Marmorfußboden Kaffee
Gasherd Zucker Fernseher Licht
grüne Fensterläden Kopfsteinpflaster
Bars Sonnenschirme Cinzano
vor dem Haus Plastikflaschen mit
Wasser gefüllt damit die Hunde
nicht hinpinkeln alte Häuser
Arkaden gelbe Taxis Bars
Zitronenbäume Rosmarin
Glühwürmchen Meer
dunkle Gassen

il cavallo
cavalcare // andare a cavallo
la sella l'appoggio / sellare
la staffa
DM 9.70

avere la pelle dura

IL PROFUMO
DER DUFT

Larissa Allein am Geruch würde ich mit geschlossenen Augen den Eingang des Mietshauses erkennen, in dem meine Nonna lebt. Es ist der Geruch von Gas und Staub, von Mottenkugeln und Spiritus, der sich mit dem Duft von Essen verbindet. Ein Duft, der Vergangenheit und Gegenwart verschmelzen lässt, der Duft meiner Kindheit. Er erinnert mich zum Beispiel an das Huhn mit Paprika, das meine Nonna oft machte, wenn wir zu Besuch kamen, weil sie wusste, dass wir Kinder dieses Gericht so gern mochten. Meine Erinnerungen werden durch die verschiedenen Düfte miteinander verknüpft, überlagern und ergänzen sich.

Auf ihrem schmalen Balkon hat Nonna einen kleinen Gaskocher stehen, den sie bei schönem Wetter gern benutzt, denn wenn sie draußen kocht, kann sie ihre Küche schonen, vor allem, wenn etwas frittiert wird. Als ich heute zu ihr komme, wirft sie gerade kleine braungesprenkelte Bohnen, die burlotti heißen, in einen großen Topf mit kochendem Wasser, das sie für eine Minestrone aufgesetzt hat. Es ist wichtig, dass die Bohnen etwas früher als das andere Gemüse kochen, weil es länger dauert, bis sie weich werden, erklärt sie mir. Die ligurische Minestrone wird immer mit etwas Pesto gewürzt, und man gibt ein Stück Parmesankäserinde hinein. Ein großer Topf auf Vorrat gekochte Minestrone steht meist in Nonnas Kühlschrank, besonders im Winter ernährt sich Nonna tagelang davon. Am Morgen hat Nonna außerdem eine Torta margherita gebacken, einen einfachen Kuchen, von dem sie ihrer Nachbarin ein Stück auf den angrenzenden Balkon stellt. Margherita steht hier wie bei der Pizza margherita für semplice, einfach, schlicht, eben so wie die einfache und dennoch schöne Margerite, die auf der Wiese blüht.

Der Balkon, auf dem nun die Minestrone vor sich hinköchelt, steht voll mit Blumen. Nonna holt eine grüne Plastikgießkanne, füllt sie mit Wasser und kümmert sich um ihre Pflanzen. »Da, riech mal an der Blüte. Hmmm, gut nicht? Gibt es die auch bei euch in Deutschland?« Bei Blumen gerät Nonna immer in Entzücken, sie hat ein großes Herz für Pflanzen, ebenso wie für Tiere und alle Schwachen und Benachteiligten dieser Welt. Nachdem alle Blumen gewässert sind, hängt Nonna an der Leine vor dem Balkongeländer ihre Wäsche auf und kurbelt die grüne Markise ein Stückchen weiter runter. Dann wirft sie einen Blick auf den Schmetterling aus Porzellan, der an der frisch gestrichenen rosa Wand des Balkons hängt. An der Glitzerschicht auf den Schmetterlingsflügeln kann man sehen, wie das Wetter wird: Wenn die Flügel sich rosa färben, bleibt es trocken, sind sie jedoch hellblau, bedeutet das Regen. Seit Tagen schon glitzert der Schmetterling rosa – es ist sonnig und warm und so wird es bleiben.

Ich schaue vom Balkon hinunter auf den asphaltierten Hof. Eine ältere Frau verfüttert Fischreste an ein paar Katzen, die mit ihrer Beute durch ein Loch in der Mauer verschwinden. Wenn man auf dem Balkon steht, blickt man direkt auf die Hallen eines Fleischgroßmarktes. Im selben Gebäude hat sich, in den Räumen unter dem Dach, eine Yogaschule eingemietet, an jedem Fenster ist eine Regenbogen-Fahne mit dem Aufdruck PACE als Vorhang angebracht. Hinter den Hallen liegt die Straße zur Autobahn, und dahinter sind hohe Berge. Nonna wohnt in diesem Haus seit ich denken kann.

Auf diesem Balkon sind auch viele unserer Familienphotos entstanden: Eines zeigt meinen Bruder und mich, wie wir mit Nonna vor dem Putzschrank stehen, neben der großen Kaktee, auf dem Boden liegt noch eine Wäscheklammer, widerwillig hat mein Bruder seine Hand auf meine Schulter gelegt – gewiss, weil meine Mutter das so wollte –, die Abendsonne taucht unsere Gesichter in ein künstlich wirkendes oranges Licht, und wir kneifen die Augen zu schmalen Schlitzen zusammen.

POLLO CON PEPERONI E POMODORI

HUHN MIT PAPRIKA UND TOMATE

Zutaten für 4 Personen:

1 junges Huhn (etwa 1–1,5 kg)
reichlich Olivenöl
1 Knoblauchzehe
frischer Rosmarin
4 grüne Paprikaschoten
4 große Tomaten
etwas Weißwein
Salz, Pfeffer

- Huhn waschen, abtrocknen und mit einer Küchenschere in 6–8 Teile zerlegen.
- Reichlich Olivenöl in einer Pfanne erhitzen und eine halbierte Knoblauchzehe darin anrösten. Die Hühnerstücke von allen Seiten anbraten, salzen, pfeffern und frische Rosmarinzweige dazugeben.
- Paprikaschoten entkernen, in Streifen schneiden, zu dem Hühnchen geben und anrösten.
- Tomaten mit kochendem Wasser überbrühen, häuten und in Stücke schneiden und ebenfalls in die Pfanne geben. Mit etwas Weißwein aufgießen, etwa 30 Min. gar schmoren und sofort servieren.

Tipp

Besonders gut zum Huhn schmecken Rosmarinkartoffeln aus dem Ofen (siehe Seite 18).

MINESTRONE CON PESTO

GEMÜSE-EINTOPF MIT PESTO

Zutaten für 4–6 Personen:

4 Handvoll getrocknete Borlotti-Bohnen
100 g grüne Bohnen
3 Karotten
2 Zucchini
1 Sellerie (Stange oder Knolle)
3 Speisekartoffeln
100 g frische Erbsen
100 ml Olivenöl
1 Stück Parmesankäserinde
2 Tomaten
100 g Bandnudeln
2 EL Pesto
geriebener Parmesan
Salz

- Borlotti-Bohnen über Nacht in lauwarmem Wasser einweichen. In 2 l kochendes Wasser geben und 15 Min. garen. In der Zwischenzeit grüne Bohnen, Karotten, Zucchini und Sellerie kleinschneiden, geschälte Kartoffeln vierteln und dann mit den Erbsen in den Topf geben.
- 1 Std. mit geschlossenem Deckel köcheln lassen, dann das Olivenöl und die Parmesankäserinde zugeben und mit Salz abschmecken.
- Tomaten überbrühen, häuten, in grobe Stücke schneiden und in die Suppe geben; $^{1}/_{2}$ Std. weiterköcheln lassen.
- Bandnudeln in 3–4 cm lange Stücke brechen und die letzten 10 Min. mitkochen. Zum Schluss das Pesto dazugeben.
- Vor dem Servieren mit etwas frischem Olivenöl beträufeln und mit geriebenem Parmesan bestreuen.

TORTA MARGHERITA

BISQUITKUCHEN

Zutaten für ein Backblech:
ME = Maßeinheit in Joghurtbecher à 150 g
2 ME Naturjoghurt 3,5 %
3 Eier
2 ME Zucker
1 ME Sonnenblumenöl
4 ME Mehl
1 Päckchen Backpulver
etwas Butter
etwas Puderzucker

- Joghurt, Eier und Zucker verrühren, dann das Öl untermischen. Das Mehl mit dem Backpulver vermengen und daruntergeben.
- Den recht flüssigen Teig auf ein mit Butter ausgestrichenes Blech oder in eine große Auflaufform geben und im vorgeheizten Backofen bei 200 °C 20–30 Min. backen.
- Zum Servieren mit Puderzucker bestreuen.

Variation

Man kann auch 2 geschälte Äpfel in kleinen Stücken in den Teig schneiden.

la torta
Mottenkugeln
töten Motten
nebst Brut!

cucù

cucù, cucù,
l'aprile
non c'è più.
E ritornato
maggio
col canto
del cucù.

la gallina

MELE
€ 1.03
ARANCI
€ 1.55
NESPOLE
€ 3.93
PE-BER

la mattina
andiam in città
e ci compriamo
un pò di bella
bella frutta
la mama con sua figlia

LA BAMBINA
DAS KIND

Larissa Vor der Tür des Spielwarengeschäftes, an dem wir jeden Tag vorbeikommen, steht immer dieselbe Frau, mit kurzem grauen Haar, blasser Haut, die Arme vor der Brust verschränkt. Neben ihr ergießt sich eine Flut von Puppen, Plastikautos, Schwimmringen und Badeschlappen auf die Straße. Die Frau ist Deutsche und hat ihren Mann hier im Urlaub kennengelernt; sie ahnte wohl kaum, dass ihr das Schicksal einen rosaroten Spielwarenladen bescheren würde. Schon in meiner Kindheit kaufte mir meine Mutter hier Seifenblasen, Glasmurmeln und Spielzeug für den Strand.
Finale Ligure: Der Ort ist beseelt von unzähligen Erinnerungen. Da gibt es den Springbrunnen, an dessen Rand mein Bruder laufen lernte, dort die Pension, in der wir früher in den Ferien oft wohnten. Einige Dinge haben sich natürlich auch verändert. Inzwischen machen nur noch wenige Deutsche hier Urlaub, und wenn, dann kommen sie eher zum Wandern oder Klettern. An sonnigen Wochenenden kommen vor allem die Großstädter aus Turin und Mailand hierher, einige reiche Familien haben ihren Zweitwohnsitz in Finale, an dem sie die heißen Sommermonate verbringen.
Die Generationen verschieben sich. Ich sehe mich im Spiegel der Zeit durch meine kleine Tochter Emilia, die nun all das erlebt, was auch ich als Kind erlebt habe. Mit täglich wachsendem Appetit isst sie Nonnas Pasta, hüpft mit einem Eis in der Hand die Promenade entlang und will unbedingt mit der kleinen elektrischen Lokomotive fahren, die schon in meiner Kindheit ihre Runden drehte. Nachdem ich ein Jahr in Siena gelebt habe, spreche ich inzwischen recht gut Italienisch, aber auch als Kind, als ich nur »limone e fragola« und »grazie« sagen konnte, hatte ich nie das Gefühl, mich mit Nonna nicht verständigen zu können. Sie zwinkert mit den Augen, lächelt verschwörerisch und gestikuliert mit ihren kleinen Händen in der Luft herum. Und Emilia rennt fröhlich quietschend auf sie zu.

VITALE®

vino
cin · cin

REZEPTE NACH GRUPPEN

ANTIPASTI VORSPEISEN

PIZZA & PANE PIZZA & PIKANTE KUCHEN

INSALATE SALATE

ZUPPE SUPPEN

RISOTTO & POLENTA REIS & POLENTA

PASTA NUDELN

CARNE FLEISCH

PESCE FISCH

DOLCI DESSERTS

MENÜVORSCHLÄGE

Als Appetitanreger werden in Italien stets gemischte Antipasti serviert. Die folgenden Menüs führen deshalb keine Vorspeisen auf, jeder sollte nach Belieben verschiedene Antipasti für das jeweilige Menü zusammenstellen.

Menu I
Pestonudeln mit Kartoffeln und Bohnen
Torta margherita

Menu II
Gnocchi mit Salbei
Sardellenauflauf
Gefüllte Pfirsiche

Menu III
Kürbisrisotto mit Gorgonzola
Kaninchen mit Artischockengemüse
Panna cotta

Menu IV
Ravioli mit Ricotta-Spinat-Füllung
Burrida
Feigenkuchen

Menu V
Stracciatella
Huhn mit Paprika und Tomate
Schokoladenkuchen mit Mascarponecreme

Menu VI
Brennnessel-Lasagne
Meerbarben mit Tomaten
Castellana

Menu VII
Pasta e fagioli
Lammbraten mit Paprikagemüse
Zuppa inglese

REZEPTE ALPHABETISCH

GRAZIE
DANKE

Meiner Nonna Maria Riolfo, meiner Mama und meinem Papa, Emilia und Fred, Maurizio Cirio, Ezio Maggiore, Giuliano Zambarino, Sabrina Marzagalli, Marcello Buzzanca, Ari Goldmann, Rainer & Arne Mebus, Jenny Schulze, Hilke Schurich, Katja Schütze, Melanie von Bismarck, Katja Ertzinger, Asha Edwards, Melanie Wolter, Barbara Guggenheim, Susanne Heeder, Isabell Heeren, Jana Görges & Sergio Ferraresi, Kristina Möller, Wolfgang Sischke, Nils Koppruch, Anke Feuchtenberger, Rüdiger Stoye, Wolfgang Hegewald sowie Sarah Pasquay, Nicola Stuart, Friedrich Weskott und Edmund Jacoby vom Gerstenberg Verlag.

Larissa Bertonasco, geb. 1972, studierte Italienisch und Kunstgeschichte in Siena und Hamburg, anschließend Illustration an der Hamburger Fachhochschule für Gestaltung. Sie lebt als freie Künstlerin und Illustratorin in Hamburg.

Lizenzausgabe für die Büchergilde Gutenberg,
Frankfurt am Main, Wien und Zürich
Mit freundlicher Genehmigung des
Gerstenberg Verlags, Hildesheim

Gestaltung und Satz: Larissa Bertonasco
Printed in Germany 2006
ISBN 3-7632-5668-7
www.buechergilde.de